जड़ोंतक

रानी अमोल मोरे

'भारत की धरोहर को समर्पित'

क्रम-सूची

क्रम-सूची

क्रम-सूची

क्रम-सूची

प्रस्तावना

भारतीय शास्त्रीय संगीत क्षेत्र में कार्यरत होते हुए, मैंने बहुत सी कविताओं को अपनी आवाज से स्वरबद्ध किया है। जिसमे खासकर अटलजी, कुसुमाग्रजजी, पाडगावकरजी, करंदीकरजी, इंदिरा संतजी की कविताये शामिल है। गायन और कविता या किसी सुन्दर गीत को लयबद्ध करना, इनका आपस में एक गहरा नाता होता है। शास्त्रीय संगीत गायिका होने के कारन गीतों और कविताओं में मेरी रूचि शुरू से रही है। एक सुन्दर कविता हमें जीवन की अनुभूति प्रदान कराती है और उसे संगीत एवं स्वरों का साथ मिल जाये तो हमेशा के लिए यादों में निरंतर स्थान बना लेती है।

जब "जड़ोंतक" कवितासंग्रह मुझे पढने मिला, तो कुछ ऐसीही अनुभूति का आनंद प्राप्त हुआ। कवियत्री रानीजी का यह हिंदी में पहला प्रयास होकर भी, उनकी लिखी हुई हर कविता अपनेही अंदाज में भारतीय सभ्यता की धरोहर को और निखारते हुए नजर आती है। उनके कवितासंग्रह का विभिन्न विभागो मे विभाजित होना, और साथ ही में अध्यात्म और आधुनिकता का अनोखा संयोग होना इस कवितासंग्रह को अलग साबित करता है। आराधना विभाग की कविताये श्रीकृष्ण, राधा, रुख्मिणी, बासुरी पर आधारित है, जो हमें भक्तिरस में तल्लीन कर देती है। जैसे की..

बिन बजाये तू ना बजती

कृष्ण के सुन्दर होंठो पे सजती

सांसो की फूँक बनकर

तुझमे विराजित खुद परमेश्वर

(कविता : अतुल्यवाद्य)

बासुरी की प्रशंसा में रची यह कविता श्रीकृष्ण और बासुरी के रिश्ते को दर्शाती हुई कठोरता और मधुरता का एक मिलाप प्रकट करती है। मातृभूमि प्रति सच्ची निष्ठा जागृत हो और हर कोई अपनी देशभक्ति को चरम सीमापर ले जाए इस लिए 'मै भारत' 'हे मातृभूमि' यह कविताये देशभक्ति

का जज्बा बढ़ाने के लिए कारगर साबित हो सकती है।

सागर से मोती चुन के लाएँगे

हे मातृभूमि, हम फिर से तुम्हैं सजाएँगे

(कविता : 'हेमातृभूमि')

गरीबी और अमीरी के बिच समाज में हमेशा एक बड़ा दरिया रहा है, इसी को दर्शाती उनकी 'कहाँ छुपाऊँ' कविता दिल को छूकर सच्चाई का एहसास कर जाती है।

कहाँ छुपाऊँ मै अपनी झोपडी

इन ऊँची ऊँची मंजिलो में

कहाँ छुपाऊँ मै अपनी गरीबी

इन अमीरो की बस्ती में

(कविता : कहाँ छुपाऊँ)

कलम का मानवी जीवन में क्रांति लाना इतिहास में कई बार देखा गया है, यही एहसास हमें 'बोल तो मै कुछ..' इस कविता में होता है।

सोचती हूँ, समझती हूँ, सवारती भी हूँ

नई चीजों को अनुभवोंसे सिखती भी हूँ

हाँ मै एक छोटीसी कलम हूँ

जो बोल तो मै कुछ सकती नहीं

बस थोडा लिख देती हूँ

(कविता : बोल तो मै कुछ..)

कविताओं के साथ साथ एक अलग अंदाज में कहानिया बताती हुई 'एक दिन की समस्या', 'विरचित विजय' ऐसी कविताये पढ़ते समय हमें उस कहानी से रूबरू कराती है। कहानियों में खो जाने के बाद 'सफल व्यापारी', 'सिख लिया है' ऐसी कविताये हमें एक सुलझे हुए इंसान का परिचय कराती है।

झूठी जिन्दगी मानो,लत बन जाती है

किसीकी सच्ची कड़वी बात, दवाई बन जाती है

किसीकी मीठी झूठी बात, बीमारी बन जाती है

अपने ही पतन का, कारण बन जाती है

ये जानते हुये भी हमने, खुद को ही फ़साना सिख़ लिया है

(कविता : सिख़ लिया है)

रानीजी की कविताओं को पढ़कर जीवन के हर छोर को महसूस किया जा सकता है। खासकर 'जीवनकल्प', विभाग में उसका अनुभव होता है । 'अभिप्रेरणा' विभाग में लिखी गई कविताये जीवन में नया जोश भर सकती है। कोरोना काल पर लिखी कविता 'समझ रहा इंसान', हमें हमारे जीवन के सबसे कठनाई भरे दौर में ले जाती है।

इंसानो को ही 'भगवान' अब समझ रहा इंसान

अस्पतालों और रास्तों में हो रही उनकी पहचान

(कविता : समझ रहा इंसान)

भारत की 'धरोहर' को बतलाती कुछ रचनाये हमें इतिहास से जुड़े नजराने और उनकी तथाकथित सत्य असत्य यादो में बहा ले जाती है। अंतत: उनकी 'जड़ोंतक' शीर्षक कविता इस पुरे कवितासंग्रह का सार बनकर निकल आती है और भारत की अनेकता में एकता को और मजबूत करने के लिए हमें प्रेरित कर जाती है।

एकता के नारों से कुछ ना होगा

पहले सबको एक मानना होगा

बस सोच से कुछ ना होगा

उसे जड़ोंतक उतारना होगा

(कविता : जड़ोंतक)

कवियत्री को उनके कवितासंग्रह "जड़ोंतक" के लिए मेरी ढेर सारी शुभकामनाये और भविष्य में उनकी रचनाये और भी गहरी उतरकर अनेक विषयो को अपनी कलम से उजागर करे एवं हिंदी साहित्य क्षेत्र में चार चाँद लगाए यही मनोकामना।

— पद्मश्री पद्मजा फेणाणी-जोगळेकर

भूमिका

'जड़ोंतक' एक प्रयास है सच को सच के नजरीये से देखने का। जब कविताये लिखना शुरू किया तब ऐसा लगा क्या जरुरत है हिंदी कविताओं की, जब पहले से ही बड़े बड़े रचनाकारोने अच्छी अच्छी रचनाये बनाके उन्हें अमरता प्रदान की है। अब तो हरकोई लिखना जानता है और छोटी छोटी कविताये लिखकर सोशल मीडिया पर प्रकाशित कर अच्छी खासी वाह वाह भी बटोरता है। तो 'जड़ोंतक' क्यों ? तभी भगवान बुद्ध का एक कथन 'वो मत सोचो क्या हो गया है, वो सोचो क्या होना बाकी है' मुझे प्रेरित कर गया की 'मै वो लिखू जो छुट रहा है, जिसपर किसी का ध्यान नहीं है और यही से शुरवात हुई 'जड़ोंतक' की।

भगवान श्रीकृष्ण की बात करे तो हम अकसर देखते है राधा-कृष्ण, मीरा-मोहन इनके ऊपर अनेक रचनाये सहजता से उपलब्ध होती है। लेकिन श्रीकृष्ण की रुक्मिणी संग शायद ही कही मिल जाये। इसलिए रुक्मिणी और भगवान श्रीकृष्ण के रिश्ते को बया करने का प्रयास भी 'जड़ोंतक' में किया गया है।

भारत में अनेक महान योद्धाओ के जीवन पर कविताये, महाकाव्ये, वीरगाथाये लिखी जा चुकी है। हमारे अखंड भारत के निर्माता 'महान सम्राट चन्द्रगुप्त मौर्य' जीन्होने खंड खंड जोडकर पूरी दुनिया में अखंड भारत का परचम लहराया। उनके सन्मान में लिखी गयी 'विजयी हो','सम्राट' जैसी रचनाये भी 'जड़ोंतक' शामिल है, ताकि भारत की नई पीढ़ी इस अखंड भारत के निर्माणकर्ता की विजयगाथा से वंचित ना रहे।

अनछुये कोनो को छूने का प्रयास भी 'जड़ोंतक' में किया गया है, जैसे भारत की धरोहर, प्रकृति, शिक्षा, कोरोना आदि। मातृभूमि और देशप्रेम पर अनेक सुंदर काव्य हमने आजतक पढ़े और गुनगुनाये भी है, इसी विषयपर अलग ढंगसे 'मै भारत' लिखने की कोशिष शायद आपको पसंद आये।

सच्चे मन से अगर आप कविताओं में रूची रखते हो तो 'जड़ोंतक' आप के लिये एक जंगल की सैर जैसा है, जहा शिकार भी है और शिकारी

भी, जहाँ पाणी भी है और आग भी, जहाँ तितलियाँ भी है तो जहरीले नाग भी, कुछ काटे भी चुभेंगे तो कुछ खुबसूरत खिलते फूल मन को मोहित भी करेंगे। यहाँ साधना, ईश्वर, वैराग्य, यथार्थ, सत्य, जीवन, पुरुषार्थ हर वो गुण समाविष्ट करने का प्रयास है, जहा से पढ़नेवाला पूरा हो गुजरे और अपने जीवन को जटीलता भरे धागो से छुड़ाकर सरल करे।

मेरा हिन्दी का यह पहला प्रयास आपको पसंद आये यही मनोकामना और आशा के साथ 'जड़ोंतक' आपको समर्पित करती हूँ, ताकि आपके प्यारभरे शब्द एवं आशिर्वाद से 'जड़ोंतक' साध्य और सिद्ध हो।

इस कार्य में जिनका सहकार्य प्राप्त हुआ उन सबका मनपूर्वक आभार, खासकर सुप्रसिद्ध शास्त्रीय गायिका 'पद्मश्री पद्मजा फेणाणी-जोगळेकरजी' जिन्हीने अपनी प्रस्तावना से 'जड़ोंतक' को नवाज़ा और सराहा।

- रानी अमोल मोरे

आराधना

1. कण कण कान्हा

स्मित निर्दोष ब्रम्हाण्ड व्यापक
सिद्ध समृद्ध आनंदमय ऊर्जा
मन मन स्थित कण कण कान्हा

मोरपंख श्रुत अलंकार कृत शृंगार
तू जीवन तू आदर्श तू ही उपकार
कर्णकुंडल नभमंडल तू यज्ञ सर्वज्ञ
नेत्र चक्षु मन भिक्षु तू रक्षु कान्हा

हे निराकार कर उद्धार बन कगार
जग तेरा निकुंज तू माली नंद मुकुंद
नयन पंकज पुष्प प्रेमरस भरे
दर्शन मात्र मोक्ष भय सारे तू ही हरे
मन मन स्थित कण कण कान्हा

2. अतुल्य वाद्य

बंसी पूरी खाली खाली
फिर भी बोले मधुर बोली
ना तुझमें कोई गांठ है
ना भाये कही आठ है

बिन बजाये तू ना बजती
कृष्ण के सुन्दर होंठो पे सजती
सांसो की फूँक बनकर
तुझमे विराजित खुद परमेश्वर

खुद ईश्वर जो तुझमे घोले
संगीत बन तू सृष्टि से बोले
तेरी चतुर निरंतर भाषा
जीवन पाये नई दिशा

मधुर नाद तेरी निपुणता
तू निर्गुण तू ही सगुणता
तू सिखलाती जीवन आशा
तेरी मधुरता मदहोश निशा

तेरी कठोरता भी मंजूर है
तेरे कर्म जो ईश्वर के समीप है
हे बंसी तू एक अतुल्य वाद्य है
कृष्ण संग तेरा अदभुत मिलाप है

3. कल्प कल्प

तू कल्प कल्प स्थित संगम है
तेरे सिवा जीवन वर्जित है
तोड़ के बंधन आना यही है
तेरे नाम परे संसार नहीं है

बन के मूरत ऐसे सजू रे
पैरो में पायल ऐसे गुंजू रे
नैनों में काजल ऐसे मलू रे
याद में तेरी पल पल गिनू रे

दर्पण का ना काम हो कान्हा
आँखों में देखू रूप सुहाना
तुझ संग जीवन मैंने माना
पधारों अब वक्त ना बिगोना

4. अपरिहार्य

मनुष्य को अपरिहार्य हूँ मै कर्म
नित्य, नैमित्य, निष्काम संचित
रूपों में विभाजित हूँ मै कर्म
प्रारब्ध में अवतरित होकर
अंततः संस्थापित हूँ मै कर्म

मर्त्य की पराकाष्ठा उद्यम कर
नतीजतन निष्कर्ष हूँ मै कर्म
अभ्युदय: निःश्रेय प्राप्ति का
स्वयंरचित योग हूँ मै कर्म

भुत भविष्य वर्तमान का
सृजन मिलाप हूँ मै कर्म
गीता से स्वयंभू प्रकट
समूचा तात्पर्य हूँ मै कर्म

धर्म से भी बड़ा ईश्वरीय
अपरिहार्य पथ हूँ मै कर्म
सुख दुःख प्राप्ति का संयोग
प्रतिज्ञा की प्रतिपूर्ति हूँ मै कर्म
मनुष्य को अपरिहार्य हूँ मै कर्म

5. सच का प्यादा

अस्थिर मन हो गया स्थिर
भीतर पाया खुद ही स्वरुप
क्या पूरा क्या शेष आधा
कुछ ना मिला खुद से ज्यादा

पवित्र निर्मल शितल छाया
कुछ और शेष ना पाया
कणखर भी फूल बने
जब वो तुझे लगे अपने

बनकर तू मन का सारथी
आचरण में फूलों की सादगी
पूजा में वक्त क्यों करू जाया
जब तू ही पूजनीय भाया

वचन तेरे सर्वोपरि भाये
वर्तन में जब जब आये
कठोर तप बन गया साधा
हाथ लगा जब सच का प्यादा

6. गुनगुनाऊ

गुनगुनाऊ जो मै तेरे मीठे वचन
प्रभु मन भाये तेरा साधा भजन
आँखे भर जाये मन भी हो मगन
शाम नाम की कृष्ण नाम की ये लगन
गुनगुनाऊ जो मै तेरे मीठे वचन

रात की संध्या दिन की भोर
माथे पे सजता निल पंख मोर
माखन खाये कान्हा होवे चोर
नटखट सूरत गोपियाँ विभोर
गुनगुनाऊ जो मै तेरे मीठे वचन

माँ यमुना का पानी तेरी कहानी
जप में नाम तेरा हो मेरी जुबानी
गोकुल का बचपन मथुरा का यौवन
ना ठुकराना हमें तुझको सौगन
गुनगुनाऊ जो मै तेरे मीठे वचन

तालियां बजाऊं मै बजाऊं ढोल
शुक्रिया प्रभु जीवन दिया अनमोल
कृष्ण नाम के सिवा कुछ ना याद प्रभु
बिन दर्शन के कैसे तेरे दास प्रभु
गुनगुनाऊ जो मै तेरे मीठे वचन

7. मधुर वचना

करुणा से भरके खिले
दो कमल नयन
प्रेम की नदियों से छलके
दो मधुर वचन
वो कमल नयना वो मधुर वचना
तू सुख का कारन हर कष्ट निवारण

चंदा की रोशनी
है तेरी परछाइयाँ
गुलाबोंसी रंगीन
लाबों की पंखुड़ियाँ
वो कमल नयना वो मधुर वचना
तू सुख का कारन हर कष्ट निवारण

दुःख की झीलों में
खिलता चला
हाथो की रेखावों में
तारो सा सजता चला
अहोभाग्य का तू शिखर प्रभु
मैं नमन तेरे द्वार प्रभु
वो कमल नयना वो मधुर वचना
तू सुख का कारन हर कष्ट निवारण

8. त्रिलोक सुंदरी

त्रिलोक सुंदरी
मन मोहन पे हारी
जिद पे अड़ी
आई मिलन की घड़ी
लेके श्याम सी हँसी
ओठों पे रुख्मिणी
तू सज धज के चली
द्वारका आँगन की गली
भाव विभोर
हृदय व्याकुल तेरा
बसता संसार
तेरे श्याम में सारा

खनकार सुन पायल की
कान्हा आये प्रेमरथ लेकर
क्या खोया क्या पाया
तूने कुछ न जाना
एक ही लक्ष
कृष्ण अपना माना
लेके श्याम की हँसी
ओठों पे रुख्मिणी
तू सज धज के चली
द्वारका आँगन की गली

मोहन के संग
तू ऐसे चली
जैसे सरिता
सागर से मिली
सूरज की रौशनी
सफर तय कर
धरती को छूने चली
त्रिलोक सुंदरी
मन मोहन पे हारी
जिद पे अड़ी
आई मिलन की घड़ी

9. जीवन संगिनी

रचके तुलसी चरणों में तेरे
हो गई पावन मै तो सांवरे
सुगंध ऐसा चढ़ा सांवरे को
जग भूल गया मनमोहन
मै ना राधा दिवानी मै ना मीरा दिवानी
मै तू हूँ रुख्मिणी तेरी जीवन संगिनी

तुलसी से तेरा संजोग दिन का
मीरा तो स्वर है अकेले मन का
प्रीत में राधा जैसे बजती पायल
सोच के मन मेरा होवे घायल
मै ना राधा दिवानी मै ना मीरा दिवानी
मै तू हूँ रुख्मिणी तेरी जीवन संगिनी

राधा तो तेरी बतिया कान्हा
मीरा भये पानी से नैना
सुख में राधा दुःख में राधा
मोहन जो धन तेरा अब हो रहा मेरा
मै ना राधा दिवानी मै ना मीरा दिवानी
मै तू हूँ रुख्मिणी तेरी जीवन संगिनी

10. सजदा

सजदा तुझे हे अंबर के खुदा
तू मेरे रोम रोम में बसे सदा
कितने जतन करू तुझे पाने के
कैसे अवसर धुंडु तुझमें समाने के
इन काली घटाओ से तुझको ताकू
तू मुझमें छुपा कैसे परिचित हूँ
दे सबूत तेरे होने का
बतलादे क्या कारन मेरे रोने का
सजदा तुझे हे अंबर के खुदा

कभी काली घटा कभी चमकता तारा
कब तक फिरू तेरे दर्शन का मारा
बता तू कहाँ खामोश है
तेरी पहेली इस प्यासे को सजा है
हे दयावान हे विश्वरचित
प्राण देह में अब हो विरचित
उससे पहले तू हो विदित कर प्रमित
सजदा तुझे हे अंबर के खुदा
तू मेरे रोम रोम में बसे सदा

जीवनकल्प

11. पूर्ण जीवन है

अगर तू समझता है
तो तू खुद ही एक पूर्ण जीवन है

अगर तू सोचता है
तू एक हारा हुआ इंसान है
तो याद कर जीवन की सबसे बड़ी रेस
जो तू पैदा होने से पहले ही जीत गया था
लाखो करोड़ो को पीछे छोड़
तू अकेला ही जिन्दा रह पाया था
अगर तू समझता है
तो तू खुद ही एक पूर्ण जीवन है

अगर तू सोचता है
तू एक बेघर इंसान है
तो याद कर माँ की वो कोख
जिसमे नौ महीने तेरा बसेरा था
वो दुनियाँ का सबसे अनोखा घर
जो चाह कर भी कोई बांध नहीं सकता
अगर तू समझता है
तो तू खुद ही एक पूर्ण जीवन है

अगर तू सोचता है
तुझे कोई उपहार नहीं मिलता
तो याद कर वो हवा की अनोखी पहल

जो सबके साथ तुझे भी समान मिलती है
वो कुदरत के अनंत उपहार
जो कोई भी तुझ से छीन नहीं सकता
अगर तू समझता है
तो तू खुद ही एक पूर्ण जीवन है

अगर तू सोचता है
तुझे कोई साथ नहीं देता
तो याद कर वो सूरज की किरण
जो तुझे भी छू कर ऊर्जा दे जाती है
जीवन इन्ही लमहो से गुजरता है
फिर तू अकेला कैसे हुआ
अगर तू समझता है
तो तू खुद ही एक पूर्ण जीवन है

12. मौजूद हूँ !

अभिमान की परिभाषा
सब कुछ होने का नशा
सबकुछ जानने का भाव
अहंकार कहलाता हूँ
अंधे मतवाले इंसान में
मौजूद हूँ !

एक नकारात्मकता
अप्रिय भावना
संभावित खतरे का आकलन
प्रत्याशा के कारन निर्माण हूँ
डर भय कहलाता हूँ
इंसाने के सूरत पर
मौजूद हूँ !

सुरक्षा की भावना
कमीपन का एहसास
क्रोध और घृणा का संयोजन
कोमल हृदय को
कठोर बनाती हूँ
ईर्ष्या कहलाती हूँ
मानवीय रिश्तों में
मौजूद हूँ !

कामना आपूर्ति से
उत्पन्न होता हूँ
मनुष्य का पतन कर
विनाश तक ले जाता हूँ
बुद्धि को भ्रमित कर
शत्रु बन जाता हूँ
क्रोध कहलाता हूँ
विवेकहीन व्यक्ति में
मौजूद हूँ !

13. इत्मीनान से

देखो कोई जल्दबाजी मत करना
चीजों को ध्यान से परखना
फिर उसपर विचार विमर्श करना
अनुभव की कसोटी से समझकर
अपनी सोच की धरोहर प्रकट करना
मगर इत्मीनान से

विचारोंकी धारावोंसे निर्णय जन्म लेते है
निर्णय के बहाव में जीवन बहता जाता है
सुख दुःख के कंकरोसे नदी रूप लेती है
कभी महापुर तो कभी सुखी रह जाती है
जीवन सागर को मिलने से पहले
तुम अपने हर रूप का आनंद लेना
मगर इत्मीनान से

कुछ पाने और खोने का एहसास
सिर्फ शांति में ही समझना
क्योंकि तेज धारावोमें सब बह जाता है
जहा बहाव शांत होता है
वही जीवन फूलता है
जीवन मुफ्त में मिला ईश्वरी दान है
कभी जो ना दिखे उसे भी शुक्रिया कहना
मगर इत्मीनान से

अगर संसार के तुम स्वामी ना बन सके
तो कुछ ना कुछ बन ही जाओगे
अपने परिश्रम के जोर पर
जिंदगी की दौड़ जित ही जाओगे
भागते भागते कभी थक भी गए
तब अपनी थकान मिटा ने के लिए
तुम विश्राम जरुर करना
मगर इत्मीनान से

14. मनमौजी

मनमौजी चाहता है कुछ खोजा जाये
चाँद के उस पार जमीं के गर्भतक
परंपरा को तोड़कर नए रहस्य जोड़कर
कबीर के दोहो में सिद्धार्थ के मार्गपर
मीरा की सरगम में मोहन को सोचा जाये
मनमौजी चाहता है कुछ खोजा जाये

समंदर की लहरें चाहती है कुछ कहना
पेड़ों पत्थरों को कुछ अपना है जताना
लहरों की प्रलेखपर उनकी जुबाँ लिखी जाये
वसुधा की क़ोख छोड़ समंदर में घोला जाये
मनमौजी चाहता है कुछ खोजा जाये

आशा निराशा मान अपमान गठरी में बांधकर
कुछ नासमझी सी मंजिलों को लाँधकर
सीमाओं को असीमित रूप से स्वीकारकर
अघटित को यथार्थ का मौका दिया जाये
मनमौजी चाहता है कुछ खोजा जाये

जीवन नया है हम भी नये हो
ज्ञान का विनिमय गुरु शिष्य से परे हो
रहस्यों का छलावा बस पारदर्शी हो जाये
जीवन को जीने का नया मौका दिया जाये
मनमौजी चाहता है कुछ खोजा जाये

15. ...सिख लिया है

हमने तो बहुत सोच समझकर
बात करना सिख लिया है
किसीसे रिश्ता टूटेगा
किसीका मन रूठेगा
बनता काम बिगड़ेगा
कोई और क्या सोचेगा
इस डर के बोझ से
हमने सच को छोड़
झूटी बात करना सिख लिया है
हमने तो बहुत सोच समझकर
बात करना सिख लिया है

बातों बातों का ही बाज़ार है
जो बेच सके वही होशियार है
मन की बातों में उलझाएगा
उसी का जय जय कार है
हमें पता है
हर तरफ गरीबोंकी लूटमार है
बेवजह की बातों में
भले मनुष्य ने क्यों पड़ना
ये सोच कर हमने
चुप रहना सिख लिया है
हमने तो बहुत सोच समझकर
बात करना सिख लिया है

बहुत से लोग
खुद को होशियार
और महान बताते हैं
अंदर ही अंदर मानो
किसी शैतान को छुपाते है
ना चाहते हुए भी हम
उन्हेही अपना भगवान बनाते है
कोई बाहर से आएगा
हमें मार कर जायेगा
इस डर से हमने
खुदको ही मारना सिख़ लिया है
हमने तो बहुत सोच समझकर
बात करना सिख़ लिया है

हम सब को
बहुत बड़ा बनना है
स्टेटस के चक्कर में
रेस का कीड़ा बनना है
ज्ञान की बात तो
हर कोई करता है
असल जिंदगी में तो
उसका कबाड़ बनना है
कोई हमें पीछे छोड़ देगा
इस चक्कर में हमने
खुदसे ही हारना सिख़ लिया है
हमने तो बहुत सोच समझकर
बात करना सिख़ लिया है

झूठी जिन्दगी मानो
लत बन जाती है
किसीकी सच्ची कड़वी बात
दवाई बन जाती है
किसीकी मीठी झूठी बात
बीमारी बन जाती है
अपने ही पतन का
कारण बन जाती है
ये जानते हुये भी हमने
खुद को ही फ़साना सिख लिया है
हमने तो बहुत सोच समझकर
बात करना सिख लिया है

16. बाकी है...

सूरज डूबा था लेकिन
अंधेरा होना बाकी था
कुछ था उस दिशा में
जो सुकून दे रहा था
उपर बेरंग आसमा
रंग जमा रहा था
ऊँचे ऊँचे पेडोके नए नए पत्तोने
बस खिलना शुरू किया था
पंछियोंने थोड़ा खेलकर
रास्ता घर का पकडा था
शायद उन्हे आहट थी
कूछ प्रकृती के उपहार की
हाँ वो बात थी
बारिश के पहले मोसम की

कभी कभी जीवन जुड़ जाता है
प्रकृती के कुछ रंगो से
तब हमे अनुभूती होती है
जीवन के होने की
हमे अपने जीवन से लगाव है
और हमेशा चाहते है
जीवन अमर रहे
खुशी शांती मे है
और शांती की अनुभूती

शोर के बाद होती है
प्रकृती का गीत मधुर है
अगर सूनना है तो
उससे जुड़े रहना होता है

कुछ पाने की तलाश में
हमेशा कुछ ना कुछ
खोजा जाता है
जब पास होता है
तो उसे ही ठुकराया जाता है
ये तो बस मन की
रंगिन कहानी होती है
हर जिंदगी यादों की
अनकही सूनवाई होती है

अगर हमें मिटना ही है
तो गुरुर किस बात का
जाना अकेले ही है
तो किसी का साथ छुटेगा
ये डर किस बात का ?
कुछ एहसास है
तो उसे मेहसुस करो
कोई लेकर आयेगा खुशिया
ये सोचकर जीवन बरबाद ना करो
जी लो जिंदगी जब तक सांस चालू है
क्या पता अब और कितनी
हिस्से मे अपने बाकी है...

17. भूल जाती हूँ

क्या खूबियाँ है मुझमें जान पाती मगर
मै उससे पहले ही खुद को भूल जाती हूँ
जमाना चाहें करे लाख सितम मगर
मै समझकर नासमझ बन जाती हूँ

जोड़ती हूँ उम्रभर अटूट रिश्ते मगर
मै खुद ही चूर चूर कर बिखर जाती हूँ
बनाया है मैने खूबसूरत आशियाँ मगर
मै खुद को ही सवांरना भूल जाती हूँ

आंखो में मेरे बेहती है फिक्र मगर
मै खुद के लिये बेफिक्र हो जाती हूँ
मुझ में बसा दया का सागर मगर
मै खुद के लिये बेदर्द बन जाती हूँ

बड़ी शिद्दत से पाला मैंने सबको मगर
मै खुद को ही जतन करना भूल जाती हूँ
दूसरो के खातिर जी लेती उम्रभर मगर
मै खुद के लिये पलभर सांस ना ले पाती हूँ

कोई मिटाएगा मेरे सारे दुःख मगर
मै खुद ही हसना भूल जाती हूँ
है मेरा भी जीवन अनमोल मगर
मै उसका भी मूल्य भूल जाती हूँ

सजाती हूँ दुसरो की दास्ताँ मगर
मै खुद की ही कहानी भूल जाती हूँ
धरतीपर खुदा का वरदान हूँ मगर
मै दूसरो के लिए खुद ही मिट जाती हूँ

18. ..आँखे बंद कर ली है

हाँ जी हाँ मैंने तो आँखे बंद कर ली है
अंधकार का मुझपर चढ गया ऐसा नशा
मै तो भूल गई उजियाला और शीशा
कही अनकही के अंध विश्वास से सँजोया
मै तो भूल गई मेरा आत्मविश्वास है खोया
इसीलिए, हाँ जी हाँ मैंने तो आँखे बंद कर ली है

सच्चाई और गहराई से मुझे क्या लेना
मैंने तो झूठ को ही अपना ख़ुदा है माना
उसी ख़ुदा से जुड़े रहने का मन मे है ठाना
पर उसके न होने का सच मुझे नही मानना
इसीलिए, हाँ जी हाँ मैंने तो आँखे बंद कर ली है

झूठ के अंधकार के सामने हाथ फैलाकर
मन्नत मांगती हूँ मेरा सदा भला ही कर
मन के प्रश्नो को कभी न देखा सुलझाकर
शांति कैसे मिलेगी ख़ुद को ही डराकर
इसीलिए, हाँ जी हाँ मैंने तो आँखे बंद कर ली है

दूसरों का भला अब मुझे चुबने लगा है
किसी की अच्छाई को कभी सराहा नहीं है
पर बुराइयों पर ताना मारना छोड़ा नहीं है
मेरे विचारों की नय्या अंधकार में तैर रही है
इसीलिए, हाँ जी हाँ मैंने तो आँखे बंद कर ली है

19. ..बस साँस लेना

पल भर का होगा मेला
फिर जीवन अकेला
तू सिखले आदमी जीना
सुकून से बस साँस लेना

जहाँ में सबका बसेरा
हर ख़्वाब लगे तुझे तेरा
हकीकत में यहाँ कोई न तेरा
जी ले बस हरपल नया सवेरा

जब हसे तेरी मुस्कान
समझ खुदा है मेहरबान
मांग ले मन्नत कदरदान
बस साँस लेना हो आसान

कठनाई में याद आये खुदा
वरना सुख में तू खुदपर ही फ़िदा
अब बस सब्र को बना अपनी अदा
मौत का खौप भी रहेगा तुझसे जुदा

. . . तू सिखले आदमी जीना,
सुकून से बस साँस लेना।

20. मेरे सपने

आस के आरजू पर बुने हुए फूल
बहते हुए झरने की धाराएं कुल
रेशमी खुशियों के दामन वो गुल
इन्द्रधनु के सप्तरंग कहलाते
मेरे सपने

मधुर संगीत की तरह राहत भर जाते
निराशा के गुब्बारे तोड़ हवासे लहराते
नई उमंग नई शुरवात अंकित कर जाते
मै जहाँ भी रहूँ उस जहाँ ले जाते
मेरे सपने

कुसुम की सुगंध से नित्य महकते
नन्हे पाँव जमीं पर ऐसे थिरकते
कहानी को अंजाम तक ले जाते
पल में भंग कर रंग जमाते
मेरे सपने

मंजिल तक पहुँचाती सिढीयोंसे खरे
इच्छापूर्ति की अनुभूति से परे
राजमहलों की कहानी से घिरे
बिन प्याले मदिरा की नशा चढ़ाते
मेरे सपने

ना स्वस्त ना परास्त है पुकार
ना स्वार्थ ना द्वेष है हितकार
ना आकार ना उकार है निराकार
ना अंत ना आरंभ हो अनंत साकार
मेरे सपने

धरोहर

21. हे मातृभूमि

सागर से मोती चुन के लाएँगे
हे मातृभूमि
हम फिर से तुम्हें सजाएँगे

आए आँधी फ़िकर कहाँ है
आए तूफ़ान फ़िकर कहाँ है
तेरे प्यार में जीते जो यहाँ है
सैलाब से भी लड़के आएँगे
हे मातृभूमि
हम फिर से तुम्हें सजाएँगे

फ़क़ीर होने की पर्वा नही है
मरमिटने की पर्वा नही है
तेरे नाम के नारे लगाते जो यहाँ है
देशभक्ति से अमिर हो जाएँगे
हे मातृभूमि
हम फिर से तुम्हें सजाएँगे

नंदनवन हो तेरी ज़मीन
सारे जहाँ को हो तुझपे यक़ीन
तेरे मिट्टी से तिलक लगाता जो यहाँ है
उस तिलक की कसम सबको जगाएँगे
हे मातृभूमि
हम फिर से तुम्हें सजाएँगे

सुंदर तेरी मूरत सजे
तू नई नवेली दुल्हन लगे
तेरे आँचल से बंधे जो यहाँ है
मिलके विश्व मे तिरंगा लहराएँगे
हे मातृभूमि
हम फिर से तुम्हें सजाएँगे
सागर से मोती चुन के लाएँगे

22. मैं भारत

मैं भारत आज कहता हूँ आपसे इस गगन से
मैं भारत वो नही जिसे दिखाया जा रहा है
मैं भारत वो हूँ जिसे छुपाया जा रहा है
धरती के उपर मुझे सजाया नही जाता है
दफन जो मुझे सदियाँसे किया जा रहा है

मैं भारत आज कहता हूँ आपसे इस गगन से
मैं भारत जिसे सदियाँसे दुश्मनोने लुटा
मैं भारत जिसकी जमीन को टुकड़ो में काटा
मैं भारत जिसकी निशानियों को गैरो ने बांटा
मैं भारत जिसका धैर्य कठोर कभी नहीं टुटा

मैं भारत आज पूंछता हूँ आपसे इस गगन से
मैं अखंड था उसे खंडित किसने किया
समानता रक्त मेरा विषम किसने किया
धन का पिटारा मेरा निर्धन किसने किया
श्रमणता पथ मेरा विचलित किसने किया

मैं भारत आज पूंछता हूँ आपसे इस गगन से
मैं आदि अनादि मुझे पिछडा किसने किया
मैं पवित्र निर्मल गंगा मुझे अछूत किसने किया
मैं विद्या का उगम मुझे अनाडी किसने किया
मैं सर्वजन सुखाय मुझे धर्मस्य द्रष्टा किसने किया

मैं भारत आज पूछता हूँ आपसे इस गगन से
क्यों शत्रुओंने मेरी अस्मिता को मुझसे छिना
क्यों दुश्मनोने मेरी धरती को अपना माना
क्यों पाखंडियोंने मेरे सत्यधर्म को किया निशाना
क्यों मैं आज जात पंथ कपट का बना ठिकाना

मैं भारत आज कहता हूँ आपसे इस गगन से
मैं शांत दयालु हूँ क्रूर विचलीत नहीं
मैं ध्यानमग्न हुँ अधीन किसीके कदापि नहीं
मैं पार्थ निःस्वार्थी हूँ स्वार्थी अभिमानी नहीं
मैं वीर पराक्रमी हूँ कायर परास्त नहीं

मैं भारत आज कहता हूँ आपसे इस गगन से
मैं धरोहर हूँ विश्वास की अविश्वास का पात्र नहीं
मैं चेतना हूँ जीवन की चिंता की चकोरी नहीं
मैं मिसाल हूँ इंसानियत की क्रूरता की विकृति नहीं
मैं सत्य की ज्योत हूँ असत्य से कलंकित नहीं

मैं भारत आज प्रण लेता हूँ खुदसे इस पल से
मैं भारत मुझे अब ढूंढ़ना मेरा अस्तित्व है
मैं भारत मुझे अब सवांरना मेरा कर्तुत्व है
मैं भारत मुझे अब सत्य का डंका बजाना है
मैं भारत मुझे अब सर्वोपरि आगे बढ़ना है

23. राजन्य

तुझे सुशोभित करके सृष्टीने
खुदको नवाजा हिरे मोती से
तू चिंगारी है जीवन शांती की
नमन है राजन्य तेजोमय धरती से

अनंत प्रफुल्लित विशालता
शायद कोई ना माप सका
तुही सच्चा ईश्वर धरतीपर
इन्सान ना कोई जान सका

तेरे हर बात का प्रत्यय है
शंका की कोई जगह नही
तुने जो बताया वो सत्य है
कुछ और सोचने की वज़ह नही

तु निरंतर स्थिर कृतीशील है
सर्व समायोजित तेरे पंचशील है
श्रद्धा स्थान पर तुही प्रस्थापित है
बदले नाम पर मूर्तिस्वरूप तुही है

त्रिदेव बन तुही अवतरीत होता है
ज्ञान तेरा हर काल मे भाता है
तु जमीन के अंदर सुरक्षित है
तुही भारत था ये अब सुनिश्चित है

राजीवपद से धरती तीर्थरुप है
तु एक ही है जिसे खोजा जा सकता है
बाकियो को तो बस चिरकाल
कल्पना मे सोचा जा सकता है

24. सम्राट

तपता सोना काया धारी
अदम्य साहस सीना ताने
शांत स्वरुप एकाग्र चित्त
बुद्धि चातुर्य का वो नाथ
चंद्र चंद्र गगन करता नाद
मौर्य चन्द्रगुप्त सम्राट
जय मौर्य चन्द्रगुप्त सम्राट

किलकारी असीम वीरता की
अखंड सोच की तलवार
समर्पण का है वो द्योता
कभी ना झुका उसका माथा
काल का जो कपाल चीरता
नियति का भी खेल बदलता
चंद्र चंद्र गगन करता नाद
मौर्य चन्द्रगुप्त सम्राट
जय मौर्य चन्द्रगुप्त सम्राट

उसके पदचिन्ह की धूल
उड़ेगी बनकर तूफान
कोई न टकरा पायेगा
वह फिर से सजकर आएगा
आँखों में भविष्य के फूल खिलेंगे
भारतवर्ष को अपने सम्राट मिलेंगे

संगम का वह उत्सव होगा
स्वरगीतपर एक ही नाम होगा
चंद्र चंद्र गगन करता नाद
मौर्य चन्द्रगुप्त सम्राट
जय मौर्य चन्द्रगुप्त सम्राट

फिर से सरिताए बहेगी खुशी से
अभिषेक होगा पावन तीर्थ से
फूलो की वरमाला लेकर खड़े
रहेंगे सब एक होकर जुड़े
शब्द बनेंगे उसकी मुस्कान
लौटेगी खुशयाली की शान
प्रजा करेगी सुख से राज
सृष्टि में प्रिय राजाधिराज
चंद्र चंद्र गगन करता नाद
मौर्य चन्द्रगुप्त सम्राट
जय मौर्य चन्द्रगुप्त सम्राट

25. अनछुई

बिखरी थी चीजें कोने में
यूँही नजर पडी अनजाने में
टुट टुट के चूर हुयी थी
न जाने कितनी मजबूर हुयी थी

कबसे सारी अनछुई थी
अंदर ही अंदर कही गुम थी
कतरा कतरा घर का सजा था
बस वही कोना अनजाना सा था

पहेली ये सदियों पुरानी थी
बस बाते अब रुमानी थी
कोई सुलझाएगा यही आस थी
किसी के छूने की तलाश थी

जब सँवारने निकले कुछ हाथ
उन्हें भी बना दिया अनाथ
हालात से जुझते हैं जोशवाले
कोई नहीं समझता उन्हें होशवाले

26. काल से काला..

काल से काला उजियाला था
इंसानी जीवन बिन ज्ञान का
ख़ुद घायल हो तीर सहता था
नारी को कवच लगाया शिक्षा का

समता के अनंत यद्ध में लाचार
पिछडो की तेज करा दी तलवार
सत्य को जिसने बनाया जीवन सार
जोति था मानवता की बुलंद धार

सोच थी तेरी सच्ची और कठोर
असत्य की लड़ाई लड़ी घनघोर
तू लड़ता रहा जीवन के अंत तक
तू महात्मा रहेगा अनंत काल तक

ना बांटो योद्धा को अपने हिसाब से
मुक्त करदो उनके विचार किताबो से
लगाके तिलक उनके सच्चे कर्मो का
बंद करदो डंका बजाना अधर्मियों का

27. वो दिये जला के..

बारिश बूंदों में बरस जाती है
हमारा ध्यान भी नहीं होता
वो मिट जाते है दूसरों के लिये
हमें पता भी नहीं होता

जब हम थे गहरी नींद में
वो दिये जला के चले गये
लाख कोशिश की बदलने की
पर हम जैसे के वैसे रह गये

रास्तें में कंटक मिलेंगे
उन्हें भी शायद पता था
बिछानेवाले अपने ही होंगे
यह शायद सोचा नही था

उनकी हँसी के अंगारे ऐसे चलें
की अपने ही पराये बन गये
उनको सजदा करे दुनिया सारी
हम तो मानों बेगाने बन गये

वक्त हमने वहाँ बिताया
जहाँ हमारा कोई काम नही था
झूठो का डंका खूब बजाया
पर जुँबा पर सच्चों का नाम नही था

28. विरासत

एक युग में देश था मेरा सोने की चिड़िया
दूसरे युग में कोहिनूर ले गई गोरी गुड़िया
कहा गया वो सोना और कहा गया वो नूर
एक था देश का धन तो दूसरा था दस्तूर
बस करो ऐ लुटेरों गुस्ताखी हमें नहीं मंजूर

राजाओं की मालाये सजती थी हिरे मोती से
गुरुओं की वाणी गूंजती सत्य वचनो से
कहा गए वो गुरु और कहा गए वो मोती
एक था देश का निर्माण दूसरा था जेवर
भाड़ोत्री शिक्षा प्रणाली अब क्यों है स्वीकार

विरो की गाथाये सुन खिलते थे फूल शान से
वचनबद्ध रहते थे लोग जीते थे अभिमान से
कहा गए वो वीर और कहा गए वो लोग
एक थे देश की रक्षा तो दूसरे थे नक्शा
क्यों लुटेरों को हमने नादानी में बक्शा

परोसती थी माँ भोजन जैसे अमृत की धारा
अन्न ही परब्रम्ह यहाँ लगता था नारा
कहा गए वो नारे और कहा गया भोजन
एक अर्थ था संस्कार तो दूसरा था जीवन
क्यों चित्र विचित्र पिज़्ज़ा बर्गर का बना चलन

29. पुरातन सभ्यता

वो पौधा कल खिला था
कुछ दिन प्रकृति से लढा था
फिर एक दिन हार गया
शायद किसीने कुचल दिया

वो वृक्ष भी गहरा होता पीपल तक
अगर किसीने सींचा होता जड़ोंतक
उसकी रगो में भी हौंसला भरा होता
उसका सामर्थ्य अगर पहचाना होता

न जाने देश के कितने घरों में
मुरझा गये वो कोमल फूल
जो अनदेखे रहे इस जहाँ में
किसीकी नजर के इंतजार में

वो भी बन जाते देश की शान
अगर किसीकी एक आवाज
पोहचती उनकी जड़ोंतक
कहती उठो पोहचो मंजिल तक

इस नोटंकी भरे जीवन में
देश की पीढ़ी कभी ना फसती
अगर पुरातन सभ्यता बताई जाती
शान से हरतरफ लहराई जाती

अगर हम समझकर पोहचते
भारतीय सभ्यता की जड़ोंतक
हर जीवन खिलता पनपता
किसी के अन्याय से कभी ना डरता

30. जड़ोंतक

बस सोच से कुछ ना होगा
उसे जड़ों तक उतारना होगा

रास्तों से कुछ ना होगा
उसे मंजिल तक जोड़ना होगा

विचारोंके बदलाव से कुछ ना होगा
उन्हेँ लोगो तक पहुँचाना होगा

खाली विकास से कुछ ना होगा
उसे सबमें समान बाँटना होगा

एकता के नारों से कुछ ना होगा
पहले सबको एक मानना होगा

किसी एक की जित से कुछ ना होगा
जीत के अंगारों को सब में जलाना होगा

बुराई का विरोध करने से कुछ ना होगा
उसे समाज की जड़ से उखाड़ना होगा

खाली पढ़ने लिखने से कुछ ना होगा
हर किसीको आँख खोलकर समझना होगा

किसी एक के परिवर्तन से कुछ ना होगा
सबको परिवर्तित होकर अपनाना होगा

अकेले के जोश से कुछ ना होगा
हर एक को होश में जीना सीखना होगा

किसी एक के बलिदान से कुछ ना होगा
हर देशवासी को योगदान देना होगा

बस सोच से कुछ ना होगा
उसे जड़ोंतक उतारना होगा

आख्यान

31. कहाँ छुपाऊँ

कहाँ छुपाऊँ मै अपनी झोपडी
इन ऊँची ऊँची मंजिलो में
कहाँ छुपाऊँ मै अपनी गरीबी
इन अमीरो की बस्ती में

ना ढंग का कपडा है
ना भूँख मिटे उतनी रोटी
किस्मत तो अमीरों की है
गरीबों की तो बस है फूटी

मैं सुकुड़ के बन गया हूँ
जैसे बापू की लाठी
तस्वीर वाली नोट तो
बस धनवानों में बाँटी

जब सड़को से लोग गुजरते है
उन्हें देखकर हम सोचते है
शायद हम जैसे लोग इन्हे
इस दुनियाँ के लगते नहीं है

पहले तो इंसान एकसाथ रहते थे
जानवरो से बचने के लिए
लेकिन आज जानवर पाला करते है
इंसानो से बचने के लिए

गन्दगी करने वालो ने कभी
हाथ में झाड़ू नहीं लिया
साफ करने वालो ने कभी
हुकुम नहीं जताया

इन इंसानो के बिच हम वो जीवन है
जो देख कर भी अनदेखा है
हमने खुदको कभी बेचा नहीं है
पर उनके कुत्तोंकी कीमत हमसे ज्यादा है

मानव सभ्यता का विकास हुआ है
निर्धन का फटा कपडा गरीबी दिखाता है
धनवानों का फटा कपडा भी
शान से चलन बन सराहा जाता है

वो इतने आगे निकल गए
की हम उन तक पहुँच नहीं सकते
और हम इतने पीछे छूट गए
की वो हमारे लिए रुक नहीं सकते

इन अमीरों की बस्ती में
मै कही दब सा जाता हूँ
कोई और क्या याद रखेगा मुझे
मै खुदही ख़ुदको भूल जाता हूँ

32. समझ रहा इंसान

राम, जीसस, अल्ला बैठे थे इंतजार में
हाँफते, काँपते खबरी को देख बोले
क्या खबर है पृथ्वी वासियों की ?
बहुत दिनोसे आवाज नहीं सुनी घंटियों की

प्रभु, पृथ्वी पर फैली है कोई महामारी
'दूतावासों' में आपके प्रतिबन्ध है जारी
आपस में दूरियों की उन्होंने है ठानी
कोई नही करता अब वहाँ मनमानी

प्रचलित हो गया 'मास्क' नाम का कपडा
और हाथ धोते रहने का बहुत बड़ा लफड़ा
'सॉनिटायझर' नामक द्रव का जोरोंसे है व्यापार
खरीददारी में उसके इंसान हो रहा है लाचार

छोटे छोटे बालक अब घर में ही रहते है
'पाठशाला' की परेशानी से बचे हुए दिखते है
सब वही खाते है जो माँ ने घर में है पकाया
समझदार है उन्होंने थोड़ा कम ही है सताया

सारे विश्व में 'आर्थिक मंदी' जोर पकड़ रही है
मानव जाती को हर तरफ से जकड रही है
किसीको भूखमारी तो किसीको मरने का डर
फिर भी इंसान लढ रहा एक साथ होकर

इंसानो को ही 'भगवान' अब समझ रहा इंसान
अस्पतालों और रास्तों में हो रही उनकी पहचान

ये सुनकर सारे भगवान एक साथ बोले
क्या मानव ने इस समस्या के राज है खोले

हाँ प्रभु, पृथ्वी पर मिले थे कुछ विद्वान्
बोले हमारा 'विज्ञान' बहुत है बलवान
उपरवालों से कहना आप ना करना एहसान
हम ही ढूंढ लेंगे हमारी समस्या का समाधान

33. एक दिन की समस्या

दूर दराज़ जंगल के पार
बस्ती थी मेरी और परिवार
सुन्दर नदी पेड़ों की मुस्कान
बाढ़ का साया हरसाल तूफान
एक टुटाफूटा घर मानो छाले पड़े
जीवन पनपता उसमे जैसे वृक्ष खड़े
हर दिन नया सवेरा जीने की आस थी
एक डरावने दिन और रात की बस बात थी

माँ की सांसो को हर पल हृदय नाप रहा था
नौ महीनो से सृष्टि की चाहत में तरस रहा था
शायद वह आखरी दिन था माँ की कोख में रहने का
उसकी भी चाह थी मै बाहर आऊँ आनंद लू जीवन का
माँ तड़प रही थी दर्द से मदद मांगती किसी मर्द से
शायद वह मेरा बाप था जो व्याकुल था मेरी उम्मीद से
उस टूटीफूटी झोपडी में बारिश गंगा रूप बरस रही थी
बाढ़ और तूफान से बस वही एक सबका सहारा थी

बड़ी कठनाई संग माँ की कोख छोड़ पैदा हुआ
पहिली बार किसी अनछुये स्पर्श का एहसास हुआ
आँखे खोलू की ना खोलू समझ में ना आया
दुनिया में दिन पहला था या आखरी जान ना पाया
एक माई आकर बोलने लगी यह बचेगा नहीं
यहाँ का माहौल इसे इसकदर जचेगा नहीं

चलो ले चलो इसे अस्पताल नदी पार कही
जहा मिले इसे सुविधा डाक्टर और इलाज सही

आँखे खोलने ही वाला था पर मै घबरा गया
सोचा खोल के भी क्या करू जब वक्त निकल गया
एक दिन की दुनिया की मोहब्बत में पड़ जाऊँगा
जो पाया नहीं देखा नहीं उसे भी पल में खो जाऊँगा
इस कश्मकश में जीवन की एक घड़ी बीत गई
चाह थी रोशनाई की अंधियारे संग मिटती गई
अचानक दो चार बस्तीवाले जमा होकर पास आये
एक झोली में डाल मुझे अपने साथ ले गये

शायद उन्हें नदी पार कर मुझे ले जाना था
बाढ़ तो मानो धरती पर निरंतर झरना था
लड़खड़ाते पाँव ले गये आखिर किनारे तक
दूसरी घड़ी भी बीत गई इंतजार में तब तक
मौत मंडराती रही जिंदगी घुटने टेक रही थी
आरोग्यसेवा ठप्प थी दरबदर सन्नाटे की गंध थी
सब छाती पिट हताश हो बस्ती को कोस रहे थे
कहानी ये उन सबकी हरसाल बस सोच रहे थे

आशा निराशा में बदल गई जब तीसरी घड़ी आई
हर किसी की उम्मीदों पर मातम की परछाई
ठण्ड से रोम रोम मेरा कांप सिकुड़ रहा था
भूख के मारे पेट ज्वाला बन तड़प रहा था
रोने का मन किया सोचा इन्हे बोल दूँ
अपनी मासूम सी भूख अब खोल दूँ
फिर मन ही मन मुस्कुराया और
खुदसे ही बोला सुन ज़रा रुक

रानी अमोल मोरे

एक दिन की तो समस्या है
बस एक दिन की समस्या

{पालघर जिले की बालमृत्यु घटना से प्रेरित}

34. विरचित विजय

एक कालखंड महान षड़यंत्र
सेनापति कैसे बना राजन्य
इतिहास में लिखित कानमंत्र
विरचित विजय ना कुछ अन्य
ढाई सौ सालो का राज्य
एक सच्चे राज्य का नाज
प्रफुल्लित थे राजाधिराज
सोचा राज्य को देंगे शाबाशी
बाँटी जाये प्रजा में ख़ुशी
साथ ही हो विरो का सन्मान
सेनापति को भी मिले मान

मगर,
मौका फिरस्त था सेनापति
मन में कपट ज्वाला भाती
सोचा राजा को है मुझ पे नाज
क्यों ना छीन लू मै सरताज
शुरू की अपनी चतुराई
हर फितूर को दी लुगाई
एक साथ सब गद्दार जमाये
राजवंश ने सालो में गवाए
धोका तो खून में था
सेनापति का वंश ही फितूर था

फिर,
वह उत्सव की घडी आई
राज्य में हरतरफ थी रोशनाई
राजाने दी प्रजा को बधाई
हर वीर को मिली अपनी शाई
सेनापति का मन बेचैन था
ग़द्दारों में वह अव्वल था
भरे उत्सव में उसने ठानी
होगा राजा आनंद में धनि
तब लिखूंगा मै अपनी कहानी
राज्य में छाएगी अनहोनी

सेनापति,
मन में ले कपट ऐसा झपटा
विष का नाग जैसे लिपटा
भरी सभा को उसने बाँटा
मन में बोया युद्ध का काटा
सभा को झूटी कहानी बताकर
अघटित को घटित समझाकर
अपने साथियों से मिलकर
झूठे दुश्मनो की कहानी रचकर
चतुराई से की अपनी मनमानी
राजासे करवादी एक नादानी
राजा युद्ध को तैयार न था
उसको थोड़ा अंदेशा था
यह कोई सोची समझी चाल है
अपनाही पहना गद्दारी की खाल है

लेकिन,
अब ना कोई रास्ता था
प्रजा की सुरक्षा का वास्ता था
विवश होकर सेना को
दिया युद्ध का आदेश
प्राणो से प्रिय थी राजा को
अपनी प्रजा और स्वदेश
सेनापति मन ही मन ललचाया
अपनी साजिश का अंत युद्धमे पाया
उत्सव की सभा बनी युद्ध की ललकार
सेनापति ने बुलंद की अपनी तलवार
पर नाम उसपर दुश्मन का ना था
राजा का अंत बस जहन में था

अंतत:
अनचाहे युद्ध का आगाज हुआ
राजा संग सेना का तिलक हुआ
निकल पड़े मैदान में
झूठे दुश्मनों की खोज में
फसते गए शिकारी के जाल में
पड गई अमावस्या की काली छाया
असत्य ने डाली अपनी काया
आगे मनघडन दुश्मन था
साथ फितूर सेनापति का राज था
दुश्मनों का वार सहने से पहले
युद्ध का आगाज होने से पहले
गिधड बैठा आँख लगाकर
सही समय पर तीर चढ़ाकर
कर दिया अपनेही राजा पे वार

सेनापति था वह फितूर गद्दार
अपनेही राजा के पीठ में खंजीर चलाया
युद्ध में मारा गया प्रजा को जताया
स्वयम को सम्राट घोषित किया
अब वही मालिक सबको समझाया
राजवंश का पूर्ण नाश हो
बस उसकी ही जयजयकार हो
इसकदर सबको धमकाया
एक अकेलाही नायक भाया

पश्चात्
वीरता की झूठी गाथा लिखकर
मनघडन साहित्य से बहुश्रुत होकर
प्रजा में जबरन नायक कहलाया
इतिहास के पन्नोंपर वो छाया
उसके राज्य में असत्य पनपता
हरतरफ गद्दरों का गुणगान होता
प्रजा समक्ष नितांत बलवान दिखाता
गद्दार सेनापति अब राजा कहलाता
आगे चलकर फितूर साहित्यकारोंने
उसे राज्य का भगवान बना दिया
इसी तरह विरचित विजय अजय हो गया
एक सच्चे राज्य का विध्वंस हो गया

35. संचित

थोड़ा वक्त है ?
तो ठहर जाओ
हृदय में संचित है
कुछ सुनते जाओ
जीवन के मेरे किस्से
अगर सुनना चाहो
भारत माता की जय
गीत गाते रहो
मै रखवाला हूँ देश का
दुश्मन ललकारे कहकर
अरे ऐ तिरंगेवाले भेस का
उसकी जुबाँ गुर्राकर बोली
दम है तो आगे बढ़
है वतन से मोहब्बत
तो ये खड़ा हिमालय चढ़
उसकी बात सुन
ज्वालासा भड़का मेरा क्रोध
पल में ही बन गया
मै नेताजी सुभाषचंद्र बोस
टूट पड़ा दुश्मनोपर
जैसे बम के गोले
याद दिलादी उन्हें
गब्बर की शोले
सीना मेरा झुका नही

क्रोध मेरा रुका नही
डर के मारे दुश्मन
दबके बैठा बिल में
भगत सिंह की कहानिया
भरी पड़ी मेरे दिल में
मै गिर के जंगल का
शेर बन ऐसा गरजा
सहयाद्रि के नागों सा
काटने दौड़ा
उत्तराखंड के बादलोंसा
धो धो बरसा
दुश्मनों को बहाकर
ले गया मन्दाकिनी की तरह
लाशों के ढेर बिछा दिए
समशान घाट की तरह
दुश्मन मेरा पाकिस्तान
चीन चित्र विचित्र
पर मै भारत माँ का
सच्चा हूँ सुपुत्र
ये समंदर ये आसमान
है मेरे मित्र
चन्द्रगुप्त शिवराज
रगो रगो में चरित्र
आँखों में खून खौलता गया
दिलमें जोश भरता गया
मातृभूमि का जयजयकार
ना इससे बड़ा कोई अवसर
सुनकर मेरे वतन का नारा
टूटटूट कर दुश्मन हारा

तिरंगा मेरे हाथ में
हर क्रांतिवीर मेरे साथ में
फ़तेह कर झंडा मैंने
उनकी जमीनपर ऐसे गाड़ा
नापकों को ढेर कर
वसूला मेरे भूमि का भाड़ा
जीत कर युद्ध को
बढ़ा दी देश की सरहद
अब बस इस जमीन पर
मेरे वतन की हुकूमत
मेरे वतन की हुकूमत

36. कुपोषित आँखों से

कुपोषित आँखों से
जग देखने चला मै
कमजोर पैरों से
रेंगने चला मै
दबे कंधो से
लड़ने चला मै
भीगी आँखों से
रोने चला मै
भूख के दर्द से
बोलने चला मै
खाली थाली से
खाने चला मै
फैले हाँथो से
क्या मांगू मै
गिरने के डर से
कैसे उठु मै
सब गिर जाएगा
सँभालने से पहले
हौंसला टूट जायेगा
बढ़ने से पहले
चमकते तारो से
अक्सर शिकायत है
जो मेरी किस्मत से
मुझे चिढ़ाते है

भूख का काजल
झलकता आँखों में
सदियों की भूख
संचित मेरे हृदय में
कैसे लगेगी नज़र
माँ तेरे बछड़े को
जिंदगी खपा जिसपर
खुद तैयार हँसने को
कुपोषित आँखों से
जग देखने चला मैं
कमजोर पैरों से
रेंगने चला मैं

37. सफल व्यापारी

लोग पुँछते है
कैसे कमा लेते हो
हर चीज में सोना
कैसे तराश लेते हो
मै मुस्कुराके छोटासा
जवाब देता हूँ
मै भी आप जैसा ही
आम इंसान हूँ
बस थोड़ा
सोचता अलग हूँ
और सोच लिया तो
करता जरूर हूँ
जब नुकसान से
दुनिया डर जाती है
खुदको बचाने के लिए
पीछे हट जाती है
मेरी अनोखी सोच
वहीं से शुरू होती है
सफलता की पहली
सीढ़ी बन जाती है
मै अपना रास्ता
अलग चुनता हूँ
ठोकर खाकर
खुद ही संभलता हूँ

असफलता का डर
मै पालता नही
पहले ही चुनता हूँ
रास्ता सही
मेरी मेहनत ही
मेरा वजूद है
मेरी सफलता ही
उसका सबुत है
मेरे सपने ही
मेरा रहस्य है
आपको लगता है
वजह कोई और है
जब आम लोग
हजारो की सोचते है
तब मै करोडो में
खेलता हूँ
लोग जिंदगी
गवाँ देते है
मै पल में
समेट लेता हूँ
मेरा काम
मेरे वक्त की
कीमत तय करता है
आप का तो वक्त भी
कोई और खरीद लेता है
अपनी लगन से
मै बन जाता हूँ
सफल व्यापारी
तो लोग सोचते हो

रानी अमोल मोरे

मै पड़ गया
सब पे भारी
बस यही तो
बेतुकी बात है
जिसमें लोग
समय गंवाते है
मुझे औरों से
अलग दिखलाते है
खुद हाथ पर हाथ
धरे रहते है
अपने कर्म को छोड़
नसीब को कोसते है

38. बचपन के मिट्टी के..

बचपन की मिट्टी के वो पुराने किस्से
फटी जेब से नानाजी के गिरते थे सिक्के
चोरीसे छुपकर हम उठा लेते थे एक एक
जानकर भी वो कहते मेरे पोता पोती बड़े नेक
वो पल सुनहरे और दिन थे अच्छे
हम बड़े चतुर पर नादान थे बच्चे
सिक्को को मुट्ठी में हलकासा दबाकर
हाथों को थोड़ा इधर उधर घुमाकर
ले जाते थे उन्हें सबसे बचाकर
दौड के सब पहुंचते थे दुकान में
खट्टी मीठी गोली खाते थे जुकाम में
घर लौटने पर माँ निहारती थी गौर से
फिर वो डाटकर चीखटी थी बड़े जोर से
हम नाटक करते थे फुटफुट के रोने का
तब एहसास होता था नानीजी के होने का
वो प्यार से समझाकर हम सब को बुलाती
थोड़ा पेड़ से लटके झूले पर झुलाती
और माँ के बचपन के किस्से सुनाती
हम भी फिर हस देते थे खिलखिलाकर
ऐसे ही दिन गुजर जाते थे झिलमिलाकर
बचपन के मिट्टी के वो पुराने किस्से..

39. कुछ साल बाद

कॉलेज के कुछ साल बाद
वो घड़ी आई
जब सोशल मिडिया की
मेहरबानी हुई
हर कोई जुड़ा था
अपने दोस्त जुटाने में
अपनी यादों को
ताजा कर संवारने में
न जाने कहाँ कहाँ
मग्न थे कमाने में
जुड़ गए आज एक
फ्रेंडशिप लिस्ट में
जो बॅक बेंचर्स थे
वो आज आगे थे
जो आगे थे
वो कही और ही गुम थे
कोई लूज़र था
तो कोई टॉपर था
अपनी जिंदगी का
हर कोई नायक था
कोई पति तो
कोई बीवी थी किसीकी
कही बच्चोकी
तो कही आवाज थी बर्तनोकी

भरी पड़ी थी गैलरी
सबकी तस्वीरों से
अपनी खुशयाली
बतलाने के बहाने से
हर एक लगा था
अपनी प्रोफ़ाइल सजाने में
जिंदगी की भागदौड़ से
दो पल चुराने में
हर कोई अपनी लाइफ की
बेंच पर सवार था
बस एक ही बात थी
आगे कोई पढ़ानेवाला नहीं था
अपने ही अनुभवों से
हर कोई सिख रहा था
एक दूसरों को
ज्ञान की बातें बाँट रहा था
जिंदगी के अनदेखे
सवालों को तराश रहा था
बातों ही बातों में
एक दूजे का सहारा बन रहा था
कॉलेज के कुछ साल बाद
वो घड़ी आई
जब सोशल मिडिया की
मेहरबानी हुई

❧❧❧

40. बादशाह का न्यौता

वैसे तो ख़ुद कभी लड़ते नहीं थे
सहने की आदत जो पड़ी थी
दिन रात पसीना बहाकर ख़ुदका
दुसरो की इबादत नसीब से जुड़ी थी

नजाने इसबार कैसे हिम्मत जुटाई
बादशाह को घेर चारो तरफ रोक लगाई
बीके हुए तोतों ने शुरू की बात गन्दी
आवाज़ दबाने निश्चित की नाकाबंदी

उम्मीद की न कोई किरण थी
इरादो में फिरयाद फिर भी शुरू थी
ख़ुदका वजूद ढूंढ़ने की पहल हुई थी
अपनेही हक़ के ख़ातिर जंग छेड़ी थी

बादशाह अमीरों का ठेकेदार था
गरीबोंकी बर्बादी का असल दावेदार था
फिर भी प्रजा के सामने शानदार था
उसका झूठा चहरा बड़ा वजनदार था

धुप में तपे चेहरों से सच बयां हो रहे थे
फिर भी तोतों के मुंह झूठ परोस रहे थे
बादशाह कैसे कामयाब है बता रहे थे
अपने बोली की कीमत चूका रहे थे

सत्य की ज्वाला भड़कने से पहले
बादशाह की खुर्सी टूटने से पहले
अपनी झूटी प्रतिमा को बचाने खातिर
बादशाह ने चर्चा का न्यौता दिया आखिर

अभिप्रेरणा

41. विजयी हो

धरा पर तेरी ही विजय का
जय जयकार हो
तू इच्छा पूर्तिका
अखंड स्रोत बने
यही जन-जन जीवन की
मनोकामना हो
विजयी हो, विजयी हो, विजयी हो

पवित्र निर्मल चरित्र की
तू मिसाल हो
सागर सा विराट
सूर्य सा प्रखर तेज बने
विद्वान् भी दर्शन ले
वो तू मूरत हो
धरा पर तेरी ही विजय का
महाप्रलय हो
विजयी हो, विजयी हो, विजयी हो

मुस्कान से तेरे मिटे दुःख
सुख की अनुभूति हो
कुबेर से परे धनवान
तेरा साम्राज्य बने
हर कोई सुनना चाहे
वो तू पुकार हो

धरा पर तेरी ही विजय की
मनोधारणा हो
विजयी हो, विजयी हो, विजयी हो

निष्काम कर्म से चेहरा तेरा
अधोरेखित हो
तू बने किरण होने की
ना होने की
कोई वजह ना हो
हर दिल को पसंद आये
वो तू मोहब्बत हो
धरा पर तू ही परमसत्य
बस यही सन्मान हो
विजयी हो, विजयी हो, विजयी हो

42. अनुपम

तू हाथ उठा दे अनुपम
वनराज के भाती
नजर भिडादे अनुपम
वनराज के भाती
अगर हो
अहन पर आघात
खड्ग उठाके
तू कर प्रहार
तू हाथ उठा दे अनुपम
वनराज के भाती

तेरे वित्त की ना हो चोरी
कल की भोर भी हो तेरी
अवनि जित ना ले बैरी
यज्ञांगी मोहित और सुनहरी
उससे पहले
तू हाथ उठा दे अनुपम
वनराज के भाती

भवसागर विजय लिखित
मस्तिष्क दिव्य तेरा
घन से घना
कष्ट में उजियारा
विजयपथ की

एकमात्र अभिलाषा
ना कल हो
दिवाकर की निराशा
उससे पहले
तू हाथ उठा दे अनुपम
वनराज के भाती
नजर भिड़ादे अनुपम
वनराज के भाती

43. छलांग

तुझसे क्या छिपा है
जो तू पीछे है अबतक
अकथित जो मंत्र है
रूठेंगे तुझसे कबतक

जीवन के रहस्यों को
सुन उनकी शब्दों में
अनकहे किस्सों को
ढूँढ उनकी किताबों में

तेरी अतृप्त भूख तू
जल से मिटा मत देना
पंच-पकवान की आस तू
यूँ ही छोड़ मत देना

उसकी सुगंध सूंघकर
रास्ता ढूँढले अनजान
तेरा भी हक़ है उसपर
पेटभर चख ले अरमान

रास्तों पर कठनाईयाँ
सुनकर रुक मत जाना
ज़िद रख उन्हें लाँधकर
तुझे मंजिल को है पाना

तू भी अंश है प्रकृति का
बात यह सुनिश्चित कर
सबको कवच है नियति का
तू देख उठाके नजर

दुसरो की जय से पहले
अपनी विजय निश्चित कर
वक्त पर मार छलांग
अन्यथा पछतायेगा जिंदगीभर

44. रास्तें है खुले हुए

रास्तें है खुले हुए
मंजिलो से जुड़े हुए
कुछ इरादों से बुने हुए
कुछ पत्थरों से घिरे हुए

चलने को पैर भी तैयार है
चलो कहने का इंतजार है
अफ़सोस तो कुछ नहीं है
बस शुरवात का मंजर है

आखिर पहुंचना होगा
खुद को तराशना होगा
राह देखकर कुछ न होगा
मंजिलो को पास लाना होगा

साथ मिला तो चलते रहो
कोई छूटा तो भूलते रहो
बस इरादों में हौसला भरते रहो
जीवन का समां बांधते रहो

45. सूरज बन

तू खुद ही अपना सूरज बन
राह के अँधेरे को दूर कर
सोच के दायरों से बाहर निकल
जिंदगी के मुकाम हासिल कर

पत्थरों का काम है रास्ता काटना
तू उनसे उलझना छोड़कर
लगी ठोकरों से सीखकर
फूलो को समेटना शुरू कर
तू खुद ही अपना सूरज बन...

अच्छे बुरे अपने पराये जो मिले
सुख के सब साथी सोच कर
खुद अच्छाई की राह पकड़
हो सके तो सबको मदद कर
तू खुद ही अपना सूरज बन...

कैसे मिला तुझे किनारा
मिले जब मंजील याद कर
सोच अब नए मुकाम आगे
हौसला अपना बुलंद कर
तू खुद ही अपना सूरज बन..

46. यथार्थ

यथार्थ ने जकड़े
पैर जमीनपर
स्वप्न ने खींचे
हाथ आसमा तक
मनुष्य बन
इतना सजग
ना कभी पैर उड़े
स्वप्न के भाती
ना कभी स्वप्न को
मान यथार्थ
तेरा रास्ता जमीन
और आसमा के बिच का
तेरा रास्ता जीवन
और मृत्यु के बिच का
तेरा रास्ता मानने
और समझने के बिच का
तेरा रास्ता दार्शनिक
और द्रष्टा के बिच का
विचारो की मालाओ में
दृष्टिकोण निर्मित है
दृष्टिकोण की मुक्ति से
सत्यता पनपती है
सजग सुंदरता
सरलता का रूप है

कठिन जटिल है
अहंकार का स्वामी
मनुष्य जीवन
दीपक ज्योति है
तेल बाती दिया
तीनो का संगम है
यथार्थ स्वप्न कर्म का
संयोग बनाकर
तू बने एक नायाब
मिल का पत्थर
अमूर्त रूप से
सन्मानित होकर
तू नवनिर्मित का
हो आविष्कार

47. साक्षात्कार

पुराने नये साहित्य के कर्कट में खोजकर
सत्य से लथपथ मोतियों को चुनकर
नये साहित्य का प्रणयन कर
नई पिढी को नए मार्ग प्रदान कर

जो अनुभवो का साक्षात्कार हुआँ
उन्हींको साथ लेकर बढ़ना है
साक्षात्कार के विपरीत चलने से
कलियुग की अनुभुती निश्चित है

समय पुराना या नया नही होगा
सत्य पुराना या नया नहीं होगा
विद्युत का विपरीत प्रवाह होगा
बस गौर से परखना होगा

जीना जिवन है अगर पुरा जिया जाये
मृत्यू आनंद है अगर जीना छोड़ा जाये
मूढ़ ही है ज्ञानी जो आत्मघात कर लेता है
श्रेष्ठ है जड़ जो यन्तणा सह जी जाता है

48. स्वयंवर

जीत और हार दो सिरा पर
खड़ी थी वरमाला संग
स्वयंवर रचाया पिता कर्त्तव्य ने
देखे सबके गुणों के रंग
अधिकार था दोनो को
चुने अपना वर
अनिवार्य था कर्म उसमें
हो सबसे ऊपर
जीत के मन को भाता
वही वर हौसलों के गीत गाता
इच्छा जिसकी प्रबल हो
कर्म विजय से प्रभवित हो
बस वही मेरा वर हो
जीत की वरमालाये
पड़ेगी उसके गले में
जो दौड़ के स्वयं
मशगूल रहे मंजिलो में
हार का तो बस हा हा कार था
उसका ही स्वीकार सर्वोतोपरी था
जिसके हौसले थे टुटे
जिसकी आँखो में स्वप्न थे फूटे
मन ही जिसके कर्मो को लुटे
वही वर से हार का इंतजार मिटे
अब आप के प्रदर्शन पे निर्भर है

रानी अमोल मोरे

कोन बनेगा हार का मीत
कोन बनेगा जीत का मीत
जीत और हार का चुनाव ही
है हर इंसान के जीवन की रीत

49. कारागीर

हे कारागीर,
तुम बस अपनी कारीगिरी पर ध्यान लगाना
तुम्हे अपना हुनर है आजमाना
भूल जाना दिन है या रात
डूब जाना अपने लक्ष के साथ
शिल्प कौशल की कला
हाथों में लेकर तू निकला
करुणा के साथ उतर जाना
नई धरोहर का परचम लहराना
हे कारागीर
तुम बस अपनी कारीगिरी पर ध्यान लगाना
तुम्हे अपना हुनर है आजमाना
प्रेम इतना भरना
की पत्थर भी जीवित हो उठे
खाकर तेरे अनगिनत घाव
सदा तुझ संग रहे डटे
अपनी चेतना को बनाकर हथियार
तू शिल्प पे उतार दे अनेक भाव
वो पत्थर सुन्दर मूरत बनकर जब सजे
रंगो से भरना उनमे प्राण
समर्पण तेरा इतना हो
उस मूरत में भी तेरी सूरत हो
तेरे हाथो के रक्त की एक एक बून्द
विभिन्न रंगो में समावेशित हो

रंग ऐसा चढ़ जाये उसपर
हर तरफ बस तेरी ही पुकार हो
हे कारागीर,
तेरी कारीगिरी अमर हो ऐसा जोर लगाना
तुम बस अपनी कारीगिरी पर ध्यान लगाना
तुम्हे अपना हुनर है आजमाना

50. ख़्वाबों का परचम

इस नए सूरज के साथ आगे बढ़ना है
अपने ख़्वाबों का परचम लहराना है
उसके केशरिया रंग में घुल जाना है
अपनी सुनहरी ज़िंदगी को तराशना है

इस नई सुबह की किरणों को अपनाना है
अपनी सोच का कोहरा फैलाना है
उसकी आग़ाज़ को समझ कर लड़ना है
अपनी ज़िंदगी को सच्चाई से संवारना है

इस दिन के दायरे में कर्मों को बिछाना है
अपने हौंसलो को और बुलंद बनाना है
उसकी सीमा में रहकर असीम होना है
अपनी ज़िंदगी को नया मुक़ाम दिलाना है

इस नए सूरज के साथ आगे बढ़ना है
अपने ख़्वाबों का परचम लहराना है

मलाल

51. बोल तो मै कुछ..

सोचती हूँ, समझती हूँ, सवारती भी हूँ
नई चीजों को अनुभवोंसे सिखती भी हूँ
हाँ मै एक छोटीसी कलम हूँ
जो बोल तो मै कुछ सकती नहीं
बस थोडा लिख देती हूँ

किसी बुद्धिमान इंसान ने कहा है
मै तलवारो से भी तेज हूँ
वो तो बस काट सकती है
मै तो काट और जोड़ भी सकती हूँ
हाँ ये एक अलिखित सच है
जो बोल तो मै कुछ सकती नहीं
बस थोडा लिख देती हूँ

कुछ लोगो को शायद मेरी जरुरत ना लगे
पर मेरे सिवा परिवर्तन नहीं हो सकता
अगर सदियों से मै न चलती
तो इतिहास की कोई कहानी नहीं होती
ये मेरे जीवन की वो दाँस्ता है
जो बोल तो मै कुछ सकती नहीं
बस थोडा लिख देती हूँ

लिखने वाले हजारो हाथ आते है
वक्त की सिमा से वो तो मिट जातें है

लेकिन मेरी लिखावट से उनके विचार
सदियों तक दुनिया में अमर हो जाते है
समय के परे मेरी हैसियत है
जो बोल तो मै कुछ सकती नहीं
बस थोडा लिख देती हूँ

अगर मै चलु तो क्रांति होती है
अगर मै चलु तो जीवन में ज्ञान है
अगर मै रुकू तो अंधकार होता है
अगर मै थम जाऊ तो जीवन थम जाता है
बस यही मेरी कीमत है
जो बोल तो मै कुछ सकती नहीं
बस थोडा लिख देती हूँ

52. शिउली

मानों मै शिउली का
रम्य प्रसन्न तटस्थ तरु
रचनाये मेरी उसके पुष्प
सुगंधित प्रभात करे शुरू

वो खिलकर मुझसे
लुढ़कते है जमींपर
सुन्दर मधुर सुरभि
महकाते है सृष्टिपर

कोई समेट हाथो में
सौरभ से भर जाता
तो कोई कुचल पैरोंतले
अनभिज्ञ अग्र निकल जाता

रचनाये फूल है मेरी
कभी ना करती भेद
हर किसी को महकाती
भरती नई उमेद

उठाने वाले कुचलने वाले
दोनों को एहसास दिलाती
उनकी रास्तों में सजकर
मोतियों भाँति उन्हैं सजती

सीधी साधी हलकी फुलकी
शिउली बन हुनर आजमाती
हंसती मुस्कुराती रचनाये मेरी
किसी-न-किसी मन को भाती

53. बेवजह

कभी कभी ज्यादा ज्ञान
डर पैदा करता है
अज्ञानी का ज्ञान ही उसे
निडर दिखलाता है

शोर में हर कोई
चीखता चिल्लाता है
ख़ामोशी में चुप्पी साध
विनम्र दिखलाता है

वजह ढूंढ़कर कई
निर्णय जन्म लेते है
बेवजह तो हम यूँही
खुदको भूल जाते है

बेवजह मन में अगर
कोई विचार पनपता है
तो उसे घटने की संभावना
शत प्रतिशत होती है

कुछ पाने के लिए
सोच तो तभी पाएंगे
जब करने के लिए
कटिबद्ध हो जायेंगे

हमें ज्यादा की
जरुरत तो नहीं
पर जरूरतों से मुँह
फेरना भी नहीं

जिंदगी के अंत तक
कुछ ना कुछ अच्छा हो हमसे
जब हिसाब करने बैठे
बेवजह ना लगे जीवन खुदसे

54. शोहरत

शोहरत मिली मेहनत से
ना किसी की रहमत से
कहनेवाले तो बहुत मिले
हमने तो बस कर्म है पाले

कुछ ना होने का आक्रोश
हासिल करने का दे गया जोश
जिंदगी तू यूँ ना ऐसे मुकर
जो चाह है अब उसे पा गुज़र

हाथ में लेकर तलवार धैर्य की
गाथा लिख दी सफलता शौर्य की
सच्चाई का सदा साथ था मंत्र
ना किया कभी कपट या षड़यंत्र

पल पल संजोया कर्म से
आँखों में पनपते ख्वाब से
खूबसूरत बन गया था रास्ता
बस चलते रहने का था वास्ता

आखिर पहुँचे अपनी मंजिल
पार कर के कितने साहिल
तब जाना शोहरत पाने का सुख
साथ में उसे मिटने का दुःख

जिंदगी तूने जो है पाया
औरों को भी खूब है भाया
एक मन्नत गुजरने के बाद
शोहरत रहे सदा आबाद

55. ...वक्त बदलता है

मेहनत का फल होता है मीठा
क्या ये सच है या बोलो झूठा
शायद फल हमसे मुकर गया
तो मेहनत कर के क्या पाया ?

हर आस की मिली निराशा
छोड़ दी अब हर चीज़ की आशा
क्या करे रास्तें ही हम से मुड़े
हर कदम लड़ कर वही खड़े

बहुत महंगी पड़ती है अच्छाई
जान लो दुनियां की ये सच्चाई
सब कहते ढूंढ़ने से मिलता है
क्या वाक़ई में ये सब होता है ?

यहाँ सिर्फ कीमत है पैसों की
ना की हम जैसे लोगों की
दौलतबिना क्या काम की होशियारी
समझ लो आज की नई दुनियादारी

हम कितने भी कर ले जतन
क्यों नहीं बन पाते अनमोल रतन
कहते है वक्त बदलता है
हमारे हिस्से में क्यों एकसा है ?

56. कागजनामा

पैदा होते ही कागज पर आया
मृत्यु पश्चात् भी उतर ना पाया
जीवन सरल बनाने की कोशिश में
खुद ही कागज में उलझ गया

नियम इतने भारी भक्कम थे
याद कर के भी रख ना पाया
अवसर इतने लजीज थे
भूल भूल कर भी भूल ना पाया

कागज का सफ़ेद काला खेल
ख़ुशी से कभी ना खाता मेल
जीवन कागज के डिब्बे की रेल
सवार ना हो सका वो यात्री फेल

आंधी हो या तूफान सहता रहा घाव
जीवन सागर तो कागज नाँव
जो चल सका उसका बेडा पार
जो रुक गया उसकी नैय्या दरकिनार

57. कितना बोया..

ऐ मेरे देश के भूमिपुत्र
तेरे कर्म देते है जीवन के सूत्र

सदियों से हल चलाके तूने
भूख का हल है निकाला
मेहनत करने की तूने
न जाने कौनसी सीखी पाठशाला

मुट्ठीभर बीज बो कर तूने
हरतरफ हरयाली है लायी
दिन रात की मेहनत से तेरे
देश में समृद्धी है आयी

तू क्यूँ सोचे फांसी का फंदा
रब का तू बड़ा ही नेक बंदा
कितना बोया कितना कटाया
बदले में तूने कुछ नही पाया

तू कर ख़ुदको ही सलाम
नही तू किसी समस्या का गुलाम
खड़े रहना हमेशा तान सिना
बहाया तूने अपना खून पसीना

58. जिये जा रहे थे

अनचाहें रास्तें पर चले जा रहे थे
दुनियाँ की बातों में फसे जा रहे थे
लोगों की तारीफों में बहे जा रहे थे
न जाने कौन से गुरुर में जिये जा रहे थे

सच्चाई से मुँह मोड़ भागे जा रहे थे
इंसानियत की दिवार तोड़ चले जा रहे थे
स्वार्थ की चादर ओढ़ सोये जा रहे थे
न जाने कौन से धर्म को जिये जा रहे थे

प्रकृति ने खेल खेला तो रोये जा रहे थे
अपनेही कर्मों की सजा भुगतें जा रहे थे
घर में बैठ जीवन की आस लगाए जा रहे थे
न जाने कौन से अधर्मों की कृपा जिये जा रहे थे

59. जनसंख्या

दादीअम्मा नानीअम्मा मान जावो ना
बंद कर दो पोता पोती रट लगाना
नई नई हुई है उनकी शादी
बच्चा मांग के ना करो बर्बादी

रास्तों की भीड़ जरा देखो अपने चश्मे से
कितनी उलझोगी पुराने रीती रस्मों से
भड़क गया है जनसंख्या का हाहाकार
फिर न कहना पोता पोती रह गये बेकार

विरासत का टुकड़ा बट गया चारो में
भाईचारा रह ना जाये बस विचारो में
जनसंख्या वृद्धि समाज की है बीमारी
विकास की कितनी गाथाये है अधूरी

दादीअम्मा नानीअम्मा को है गुजारिश
पोता पोती ना करो बच्चो से सिफारिश
एक ही काफी है वंश चलाने को
देश सराहेंगा आपके इस निर्णय को

60. साहित्य

मेरी क़लम ही
मेरी चूड़ियाँ खनकती
उच्च विचार श्रवणीय
बालियाँ झूलती
अमृत वर्षा करनेवाले
मधुर मेरे शब्द
लाली का रूप लेकर
लबोंको सजाते है
बदलाव क्रांतिवाला मेरा पोशाक
तन पर चढ़ते ही
अपना रंग जमाता है
हाँ मै वही दिव्य नारी का रूप हूँ
जिसे समझने को
हर कोई बेताब है
कोई इतना आमिर कहाँ
मेरे शृंगार को समझ ले
कोई इतना दिव्य कहाँ
मेरे गुणों को परख ले
ना ये बाज़ार के चौराहे पर बिकते है
ना ये साधारण नज़रिए से दिखते है
अनन्य दृष्टी से अंकुरित साहित्य है
समझ के परे अंजन अपेक्षित है

नित्यरथ

61. आशियाना

मेरा एक सपना है
एक आशियाना बनाऊँ
उसकी हर दिवार को
अपने विचारो से सजाऊँ

आंगन में खिलाऊँ
शांति के नए फूल
आनेवाले दुःख सारे
दर्द जायेंगे भूल

उसका सुंदर बगीचा
लहराएगा हरियाली से
जिसका भी पैर पड़ेगा
भर जायेगा ख़ुशहाली से

पानी के फव्वारे
ठंडी ठंडी बूंदो से
बरसायेंगे दिन में तारे
महकायेंगे विभिन्न गन्धो से

पेड़ों की शीतल छाया
धूँप को रोकेगी आने से
घर की सुंदर काया
ढक देगी प्यार के सुरों से

पंछी गाते गीत पंक्तियाँ
देख नीला आसमा खुला
मंडराती रंगबिरंगी तितलियाँ
बीच में लटकता झूला

छोटी छोटी डगर से
खिल उठेगा नज़राना
सुबह की कोमल किरणों से
चमक उठेगा आशियाना

62. आँगन

सज़ा दूँ मै तेरा आँगन कितना
धरती का आसमाँ से नाता जितना
फुल खिलेंगे शनैः-शनैः बातें करेंगे
रंग फ़िज़ावो में उमदा मौज भरेंगे

तोता भी आयेगा कोयल भी गायेगी
चिड़ियों की मधुर पाठशाला भी होगी
पंछियों की अपनी ही दुनिया सजेगी
छोटे छोटे गमलों से उनकी प्यास बुझेगी

रंगबिरंगी पोशाखो में तितलियाँ आयेंगी
जीवन गीत रंगो का पंक्तियाँ सुनायेंगी
अष्ट दिशाओं में सुनहरी धूप परछाई होगी
विभिन्न फल और पुष्पों की नुमाइश होगी

तिनका तिनका जिंदगी बढ़ती जाएगी
पैरो तले शान से खुशियाँ मंडराएगी
सज़ा दूँ मै तेरा आँगन कितना
धरती का आसमाँ से नाता जितना

63. नसीब

नसीब नसीब इतना विलाप क्यों
मांगनेवाला देनेवाले के खिलाप क्यों
जब तू निराशा से झुक जाता है
जहन में तेरे क्यों नसीब आता है
लिखनेवाले ने लिख दिया तुझे पीड़ा क्यों
हर हार और रोने का कारन नसीब क्यों

अभी लड़ना तुझमें बाकी है
इसीलिए तेरी मांगे उसने रोकी है
सोच में न पड़ चल निरंतर
धरती और आसमा का है अंतर
तू कलाकार के भाती अभिनय कर
भयभीत ना हो देनेवाला बैठा है ऊपर
नसीब नसीब इतना विलाप क्यों
मांगनेवाला देनेवाले के खिलाप क्यों

64. तू रूप शब्द का

तू रूप शब्द का

इस कदर सजा दूँ

तू जीवन सात रंग का

रंगने की वजह दूँ

तेरी अनकही सी कहानी

कलम उसे बना दूँ

तेरी रुकी हुई तलवार

धार उसे लगा दूँ

तू वंश राजहंस का

पहचान तुझे दिला दूँ

तू बहती हुई अखंड धारा

तुझे सागर से मिला दूँ

तेरे खिलते आँखों के सपने

हकीकत उसे बना दूँ

तू रूप शब्द का

इस कदर सजा दूँ

65. शादी एक डील..!

मॅट्रिमोनी हो या शादी डॉट कॉम
प्रेजेंटेशन ही यहाँ आता है काम
बायोडेटा भरा है मोटे पैकेज से
गैलरी फुल है सेल्फी के लगेज से

लड़कियों की ख्वाइशें हो रही मोअर
लड़के दीखने लगे है खुदसे लोअर
लड़कों के नए नए हेयर स्टाईल
फिर भी रिजेक्टेड उनकी फाईल

पापाजी रहते हमेशा परेशान
बच्चों का चाहते पूरा समाधान
समाज में उनका बड़ा दिग्गज नाम
फिर भी शादी जुड़ाना नहीं आसान काम

हर लड़का चाहता अच्छी डील
लड़की के साथ पैसा भी थोड़ा मिल
दौड़ने लगते है शादी की रेस में
लड़किया देखते हुए विभिन्न भेस में

शादी की इस रंगीनवाली डील में
कोई फायदे में रहे तो कोई घाटे में
कठनाई होते हुए भी बड़ी मजेदार है
हर कोई इस डील में तैरने को तैयार है

66. बाज़ार

बाज़ार की लाली और हरयाली
कही खरेदी तो कही बिकवाली
मौका दशहरा तो कभी दिवाली
कही नुकसान तो कही मुनाफ़ा वसूली

चढ़ता उतरता बाजार का भाव
कही खरोंच तो कही भरदे घाव
कभी धीमी तो कभी दौड़ती नाव
शांत बैठे बाज़ एकसाथ मारते ताव

नये शिकार समझते है आसान रास्ता
बाजार की चाल से ना होते हुए वास्ता
पोपट पंछियों की बातों में उलझकर
मानो निकल पड़ते है मशगूल होकर

लगाते है अपने पसीने की पूंजी
सपनों में बस मुनाफे की खोजी
कभी कभी होती सौदो की नैया पार
तो कभी कभी बाजार की पड़ती मार

कुछ लोंगो को लगे ये पैसो की दुकान
कोई ख़रीदे गाड़ी तो कोई नया मकान
किसीको मुश्किल तो किसीको लगे आसान
सतर्कता ही होगी सफलता का निशान

67. लालच में

दाना उठाने की चक्कर में
पंछी अटक गये जाल में
कुछ चतुराई से उड़ गये
तो कुछ वही लटक गये

कितनो ने भरा अपना पेट
तो कोई बन गया मानो सेठ
इनकी उलटी सीधी कसरत ने
शिकारी भी आ गया हरकत में

ऐसा जाल बिछाया
लालच में सबको फ़साया
तड़पते रहे उड़ जाने को
कोई नहीं आया बचाने को

समेट ने गया दुसरो का
वो पंछी घर का न घाट का
हक़ की मिले तो खाये
वही पंछी चैन से सो पाये

68. सुर्खियां

आजकल सुर्खियों में झलक रही गद्दारी
सुना है ज़ालिमो ने वाह वाह है बटोरी
सत्ता धन और बचाव के लालच में
ज़ुल्म के गुलामी की हाथ ली कटोरी

बेबुनियाद वक्त बेदर्द बढ़ता गया
कोई खुर्सी से दुःख से उतर गया
तो कोई खुशी से ऊपर चढ़ता गया
लाचार जनता चुपचाप सहती रही
जिल्लत लगी नहीं बस घुटन बढ़ती गई
बारिश आई और भिगोंके चली गई

कब तक छुपोगे कर्मों से अपने
कब तक जिओगे झूठे सपने
एक दिन मौत बेरहम हो जाएगी
सत्ता ताकत एक संग जल जाएगी
बाकी रहेगी तो बस एक बात
सुर्खियां सुर्खियां सुर्खियां और बस
खुर्सियों की सुर्खियां

69. ..इस वतन से

कसूर क्या था उनका
घर वापस आ ना सके
बहुत समझ ली दुनियादारी
उनका समर्पण समझ ना सके

ज़मीन की लालच में
दुश्मन हरपल डाले डेरा
सुरक्षित रहेगा देश हमारा
जब तक है जवानों का घेरा

विश्व में वर्चस्व के
लग रहे है नारे
आज लड़ रहे है चिनी
तो कल लड़ते थे गोरे

पूँछ लो एक दफ़ा
खुदही अपने दिल से
क्या सच में हमें
प्यार है इस वतन से

तो भूल जाओ सब
आपस का लढ़ना
शुरू करो मिलके
एक साथ जुड़ना

साथ रहेंगे हम उनके
जो सोचे इस देश का
मिटा देंगे हम उनको
जो साथ दे गद्दारों का

दिखा देंगे दुनियाँ को
ज़ोर करोडो भारतीयों का
ताकि उठ ना सके सिर
फिर कभी दुश्मनों का

70. तरह

दिन बरसते बारिशों की तरह
एक तरंग ख़ुशबू फूलों की तरह
धूप छाँव लहराती परदों की तरह
प्रकाश से सजी धरती नदियों की तरह

चेतना सरसराये पत्तों की तरह
मन महकाये ऋतुओं की तरह
चेहरा खिलखिलाये चाँद की तरह
जीवन झिलमिलाये सूरज की तरह

साल निकलते लमहों की तरह
याद रह जाये कहानी की तरह
पहल करायें नई साँसों की तरह
जीना सिखलाये अजनबी की तरह
दिन बरसते बारिशों की तरह

कुदरत

71. हे निराकार

हे निराकार ले आकार हो साकार
तु मित्र बन चित्र देख सखे मेरे नेत्र
तु सुप्त तु गुप्त मै तृप्त कर मुक्त
तु निवास तु आवास तु विकास
तु प्रार्थना तु साधना तु आराधना
तु कर्म तु मर्म तु धर्म
तु श्वास तु ध्यास तु उपवास
तु शांती तु भ्रांती तु विश्रांती
तु भव्य तु काव्य तु दिव्य
तु समाधान तु वरदान तु गुप्तदान
तु सम्मान तु अरमान तु प्रमाण
तु आधार तु उदार तु साक्षात्कार
तु धैर्य तु शौर्य तु सुर्य
तु युध्द तु शुध्द तु बुद्ध
तु क्षण तु कण तु मन
तु आरंभ तु स्तंभ तु जगदंब
तु अभिलाषा तु विलाषा तु आशा
तु फल तु निर्मल तु कमल
तु स्थापना तु कामना तु सामना
हे निराकार ले आकार हो साकार

72. धरती

बिन बादल तरसे रे
मोती मोती बरसे रे
धरती तो जुड़ी हुई
अंबर संग मिली हुई

उसकी तो नियति रे
अंधियारे को क्षति रे
बिन सूरज नहीं रे
उजियाले की नियति रे

प्रकृति से खिली हुई
जीवन को फुलाती गई
उसकी तो नाव है
जीवन हुआ सवार है

यात्री वो इंसान है
जीना जिसका काम है
कर्मों को बांधो गले रे
ख़ुशी ख़ुशी चलो रे

73. प्रकृति

ऐ काफिलों,
तुम क्या जानो मोल मेरा
मै तो तुम्हारी दुनिया ठुकरा दू
ये धरती मेरी ये आसमा मेरा
हवा सी लहराके चलु
प्रकाश को रंगसा सजाकर
मै काली रात का
सूरज बन जाऊ
ज्वाला सी उबलू
सागर का जल पीकर
खुद को चट्टान बना दूँ
फिर भी फूलो सी सुन्दर होकर
दुनिया को मेहका दू
खुदका स्वीकार ही धर्म मेरा
करना पहचान हासिल कर्म मेरा
मृत्यंजय हो स्वाभिमान मेरा
कदापि ना हो अपमान मेरा
मै काल के परे काली
आदि अनंत माया
लक्ष्मी की लेकर काया
धन का मै स्त्रोत बनु
चिर के अज्ञान की छाया
ज्ञान की मै तलवार बनु
भटका मुसाफिर जल मांगे

उड़ता पक्षी घर मांगे
जिसने पा लिया मुझे
वो मेरे सिवा कुछ ना मांगे
मै प्रकृति जगत जननी
जीवन का उगमस्थान कहलाती हूँ
हे नारायण तुम क्या वर दोगे
मै खुद ही एक वरदान हूँ

74. हे नदी माँ

नदी के अनोखे रूप देखकर
पूंछा मैंने कुछ इस कदर

हे नदी माँ
तुम इतनी निराली क्यों हो
जब खूब वर्षा होती है
सैलाब बन डराती हो
अकाल जब पड़ता है
बून्द बून्द को तरसाती हो

नदी बोली
मै कहाँ कुछ करती हूँ
दोनों भी प्रकृति के वरदान है
मै तो बस कर्त्तव्य निभाती हूँ
मेरा अस्तित्व नियति का खेल है
मै खुद से ना बढ़ा सकती हूँ
ना कभी घटा सकती हूँ
सब अपने आप होता है
मै बस एक आकार हूँ

हे नदी माँ
समुद्र से छोटी होकर भी
समुद्र को जल से भरती हो
बदले में कुछ कभी

लेती भी नहीं हो
जवाब दो माँ
बड़ी तुम या सागर

नदी बोली
सागर को मेरा देना
दिख जाता है
सबको विलीन करना
उसका छुप जाता है
सागर का तो गुप्तदान है
किसी एक को नहीं
सबको समाना नेक काम है
खुद किसी में घुलना
हर किसी को संभव है
सबको विलीन कर
खुद वैसे ही रहना अद्भुद है
सागर तो मेरा उद्देश्य है
राह में मिले उनको बाँटना
छोटासा मिला दायित्व है

हे नदी माँ
मै समझ गई इस बात को
आपके इस कर्तव्य को
निरंतर निभा रहे दायित्व को
आखिर होना कही विलीन है
दायित्व निभाना अनिवार्य है

75. कभी सोचा है

हरे हरे पत्तों से
मोतियों की बून्द बरसती है
पानी की धाराये
परदा बनके सजती है
प्रकृति का निरंतर
बारिश एक उपहार है
कभी सोचा है

वो एक सर्दसा
आलम समेट कर आती है
ग्रीष्म को चुटकी में
धरती से उड़ा ले जाती है
हरे हरे रंगो से
खुशियाली फैला देती है
कभी सोचा है

हम देखे या न देखे
हर कोने से मंडराती है
दुःख सारे समेटकर
समंदर में बहा ले जाती है
जीने का वरदान
जीवन को दे जाती है
कभी सोचा है

सड़क पर चलने में
हमें तकलीफ होती है
वो चंद ही पल में
मिट्टी में घुल जाती है
मानो या ना मानो
वक्त पर प्यास बुझा जाती है
कभी सोचा है

जीवन का बारिश
एक बहुमूल्य तत्त्व है
अमूल्य होकर भी
मुफ्त में मिल जाता है
इसी जलतत्त्व से
मनुष्य का देह रूप लेता है
कभी सोचा है

76. स्थलखंड

स्थलखंड का एक अंग
जल से घिरा चारो छोर
अलग-थलग मातृभूमि से
सागर में नर्तक मोर

शांति सुकून से संपन्न
क्रान्तिशूरों से भूमि पावन
गहरे वनों की गुफावों में
प्रकृती की आस राहों में

पेड, पौधे, पशु, पक्षी
आद्य सुंदरी कला नक्षी
जरावा, ओंगेस संग नेग्रि
नीलम तट और आग्नेयगिरि

गहरे पुष्प फल श्रीफल
प्रकृति की गोद निर्मल
सुंदरता की श्रेष्ठ पहल
अंडमान द्वीप एक चहल

बालरत्न

77. गुरु ज्ञान तेरा वरदान

गुरु ज्ञान तेरा वरदान
हो जाये मंगल ध्यान
मै ना जानू परमात्मा
गुरु तुही बना आत्मा
आशीष तेरा कर दे पावन
स्थिर बने दे चंचल मन
गुरु ज्ञान तेरा वरदान
हो जाये मंगल ध्यान
धरा पर नन्हे बालक सारे
कल बनेंगे आसमाँ के तारे
सीख का तेरी करके जतन
बनाएंगे खुशियाल ये वतन
गुरु ज्ञान तेरा वरदान
हो जाये मंगल ध्यान

78. अंबर का तारा

अंबर का तारा
अँधेरे के द्वार खड़ा
अँधेरे ने पूछा
क्यों मेरे ही पीछे पड़ा
मेरा जीवन जैसे
काली रात का घड़ा
सुनकर मासूम तारा
मन ही मन मुस्कुरा पड़ा
जवाब में उसने
अपना खाता खोला
प्रकृति के खेल में
बना मैं चमकीला
नहीं काम का मेरे
सूर्य का उजियाला
अँधेरा ही बना देता मुझे
जहाँ में सबसे निराला
जिसकी आँखों ने देखा
खेल तेरा अँधियारा
वही देख पाता है
यह अंबर का तारा

79. विज्ञान के गुरुवर्य

हे विज्ञान के गुरुवर्य
तू आग के पंख लगाकर
विज्ञान का सेहरा सजाकर
उड़ गया जिस मंज़िल तक
उस मंजिल तक हमें भी पहुंचा दे
हे विज्ञान के गुरुवर्य
हमें भी 'कलाम' बना दे

हे विज्ञान के गुरुवर्य
जो रहे तुम्हारे अधूरे ख़्वाब
पूरा करेंगे उन्हें सब नन्हे नवाब
तू बस उनका पता बताकर
इस जंगल में आग लगा दे
हे विज्ञान के गुरुवर्य
हमें भी 'रमन' बना दे

हे विज्ञान के गुरुवर्य
ये देश बने आविष्कारों की भूमि
हर देशवासी रहेगा तुम्हारा ऋणी
उन आविष्कारों की भनक लगाकर
तू बस सोच की तिल्ली जला दे
हे विज्ञान के गुरुवर्य
हमें भी 'सत्येन्द्र' बना दे

हे विज्ञान के गुरुवर्य
देना हमें उन रास्तों का नक्शा
जिनकी बदौलत हो देश की रक्षा
भारत की आँखों में उम्मीद जगाकर
तू हर खोजी को आशीष दिला दे
हे विज्ञान के गुरुवर्य
हमें भी 'भाभा' बना दे

80. चींटियां

छोटीसी चींटियां
पाठ पढ़ाये बढ़िया
दिखती है कणभर
भागदौड़ करे दिनभर

हमारी बड़ी दुनिया
पर उस में बड़ी खुबिया
नहीं छिनती किसी से
जमाये अपने कर्मों से

मीठा मीठा दाना
उसने लक्ष है माना
इंसान देख न पाये
वो जो कर्म संजोये

अदम्य साहस दिल में
अमन उसकी सोच में
हाथी को रुलाये
अगर गुस्सा दिलाये

खतरा जब मंडराए
पल में संभल जाए
मृत्यु से ना घबराए
अपना धर्म निभाए

कभी ना होती सुस्त
हरदम दिखे चुस्त
आशियाना उसका गुप्त
पल में हो जाए लुप्त

81. दोस्त

दोस्त एंटरटेनमेंट है आपके तनाव का
दोस्त एक्सपीरियंस है आपके साथ का
दोस्त डिटेक्टर है आपकी बुराई का
दोस्त पैरामीटर हे आपके बर्ताव का

दोस्त प्रेज़न्टर है आपकी खूबियों का
दोस्त सिलेक्टर है आपकी पसंद का
दोस्त एक्सेलेटर है आपकी प्रगति का
दोस्त ब्रेकर है आपकी अधोगति का

दोस्त टीचर है आपके बदलाव का
दोस्त स्टूडेंट है आपके आचरण का
दोस्त कॉन्फिडेंस है आपके ज्ञान का
दोस्त क्रिएटर है आपके चरित्र का

दोस्त मेमोरीकार्ड है आपकी यादों का
दोस्त फ्यूचर है आपकी सोच का
दोस्त सीक्रेट है आपकी सफलता का
दोस्त एसेट है आपकी जिंदगी का

Rani More